中国财政科学研究院青年项目招标课题"促进绿色低碳转型发展的税制研究",项目编号:2023ZB-LL04

环境规制对产能过剩作用的机制研究

刘 帅———著

Research on the Mechanism of
Environmental Regulation's Effect on
OVERCAPACITY

中国财经出版传媒集团
经济科学出版社
Economic Science Press
·北京·

图书在版编目（CIP）数据

环境规制对产能过剩作用的机制研究／刘帅著.
－－北京：经济科学出版社，2023.5
ISBN 978－7－5218－4761－1

Ⅰ.①环… Ⅱ.①刘… Ⅲ.①环境规划－作用－工业
企业－生产过剩－研究－中国 Ⅳ.①F426.21

中国国家版本馆 CIP 数据核字（2023）第 081320 号

责任编辑：宋艳波
责任校对：孙　晨
责任印制：邱　天

环境规制对产能过剩作用的机制研究
HUANJING GUIZHI DUI CHANNENG GUOSHENG ZUOYONG DE JIZHI YANJIU
刘　帅　著
经济科学出版社出版、发行　新华书店经销
社址：北京市海淀区阜成路甲 28 号　邮编：100142
总编部电话：010－88191217　发行部电话：010－88191522
网址：www.esp.com.cn
电子邮箱：esp@esp.com.cn
天猫网店：经济科学出版社旗舰店
网址：http://jjkxcbs.tmall.com
固安华明印业有限公司印装
710×1000　16 开　12.75 印张　200000 字
2023 年 5 月第 1 版　2023 年 5 月第 1 次印刷
ISBN 978－7－5218－4761－1　定价：78.00 元
（图书出现印装问题，本社负责调换。电话：010－88191545）
（版权所有　侵权必究　打击盗版　举报热线：010－88191661
QQ：2242791300　营销中心电话：010－88191537
电子邮箱：dbts@esp.com.cn）

前言

改革开放四十余年来，我国经济快速发展，创造了长期高速增长的奇迹。然而，压缩式的工业化与快速的城镇化造成的生态环境危机和产能过剩"叠加"问题，严重制约了我国经济向高质量发展转型。在全球绿色发展潮流和国内高质量发展背景下，如何在绿色发展动态过程中致力于环境质量改善，防范和化解产能过剩，推动工业经济高质量发展成为当前及未来重点研究的问题。

事实上，尽管我国政府将去产能作为供给侧结构性改革的核心目标，在产能过剩治理措施中明确引入环境经济目标约束，以期实现环境质量改善和产能治理双赢的目标，但是产能过剩依然频发，进一步加剧了环境污染。值得论证的是，环境规制工具是否有助于提高工业产能利用率，以及环境规制作用于产能过剩的有效机制及其影响因素。鉴于此，本书从环境规制视角出发，以公共物品理论、外部性理论、市场失灵理论、环境规制理论、技术创新理论、产业结构理论及地方政府竞争理论等为理论基础，探索产能过剩治理过程中的困境，结合省际工业面板数据和制造业行业面板数据，采用机器学习、面板固定效应、中介效应、门槛效应、广义矩估计（GMM）及交互效应等计量方法进行实证检验，详细论证环境规制作用于产能过剩的有效性和作用机制。在此基础上，本书进一步分析地方政府经济增长目标、地方政府竞争及反腐败三个因素与环境规制的交互作用对产能利用率的影响。结合先进工业国家环境政策在产能过剩治理中的作用，本书提炼出对我国环境规制治理产能过剩的经验，进而从环境政策视角提出产能过剩治理的建议。

理论分析与实证研究均表明，环境规制在一定程度上起到了提高工业产能利用率的作用，二者间呈现显著的"U"型关系，即随着环境规制强度提高，工业产能利用率先下降后上升；而且，环境规制对产能利用率的提升作用，受到地方政府经济增长目标、地方政府竞争行为及反腐败的影响。具体而言，基于省际面板数据和制造业行业数据的实证结果均表明，相对于命令控制型环境规制和公众参与型环境规制，市场激励型环境规制更加有助于提高产能利用率。相对于中西部地区，该结论在东部地区更加显著。环境规制对产能利用率的提升作用在 2007 年以后更加显著。相对于中高分位数工业产能利用率，环境规制对低分位数工业产能利用率提升作用更为显著。借助被调节的中介效应模型的实证结果表明，环境规制主要通过技术创新和产业结构作用于产能利用率。由制造业面板数据实证分析可知，环境规制能显著地提升中高技术制造业和污染密集型制造业产能利用率，而对低技术制造业和清洁型制造业产能利用率的提升作用并不显著。技术创新在环境规制与制造业产能利用率之间起到了完全中介效应。制造业行业对外开放程度对技术创新的中介效应起到了调节作用，而且对外开放程度与环境规制共同作用促进技术创新水平提升。环境规制对产能利用率的提升作用存在单一门槛效应。

在理论分析和实证检验环境规制对产能利用率提升作用基础上，本书进一步考察经济增长目标、地方政府竞争及反腐败三个因素与环境规制的交互作用对产能利用率的影响。当进一步引入经济增长目标与环境规制交互项时，本书实证结果发现环境规制与经济增长目标交互作用在一定程度上有助于提升工业产能利用率水平，说明环境绩效约束下的经济增长目标具有治理产能过剩的作用。而环境规制与地方政府竞争的交互项对工业提高产能利用率的作用并不显著，表明地方政府竞争在一定程度上削弱了环境规制对工业产能利用率的提升作用，并未实现从"逐底竞争"向"逐顶竞争"转变。当引入反腐败、反腐败与环境规制交互项时，实证结果表明环境规制与反腐败交互项对工业产能利用率具有提升作用。此外，本书分析我国环境规制趋严态势及其对产能过剩治理的积极影响和消极作用，借鉴先进工业国家产能过剩治理中环境规制作用的先进经验，提出加强环境立法、规范执法、提高反腐监督监察力度、完善环境管理体制和强化环境绩效及产业政策融合等政策建议。

本书从环境规制视角出发，论证了环境规制对提高产能利用率的作用及其机制，旨在从环境规制视角探索产能过剩治理和环境质量改善双赢的路径，探索推动我国工业绿色发展的政策。本书不仅拓展了环境规制应用范围和产能过剩治理的思路，完善地方政府绿色绩效考核体系及其制度创新，强化中央对地方政府环保督察，而且在实践中有助于加快企业绿色转型、践行环境社会责任、促进工业绿色发展、推动工业产业结构转型升级及带动工业产能利用率提升，实现环境治理和化解产能过剩双赢的目标，从而实现工业经济高质量发展目标。与以往研究不同，本书从环境规制视角出发，分析环境制度对淘汰落后产能、防范产能过剩、提高产能利用率、促进工业产业绿色发展的重要作用，不仅拓展了环境规制的应用领域和产能过剩治理的思路，有助于推动我国环境管理制度变革，完善政府绿色绩效考核体系，而且对推动工业高质量发展和工业经济绿色转型具有重要的价值。

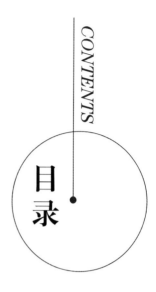

目录

CONTENTS

第 **1** 章

绪 论

工业绿色发展成为当今国际社会的广泛共识。在新的发展阶段，探索工业绿色发展与经济高质量发展，成为社会主义新时代社会各界重点关注的话题。而环境污染问题与产能过剩问题的交叠出现，是我国工业化后期工业绿色发展道路中的巨大障碍。如何打破工业经济发展与环境保护的制约关系，并且实现环境质量改善与产能过剩治理双赢的目标，成为经济学研究者们重点探究的问题。随着环境规制趋严与体制完善，环境规制所产生的经济与环境效应逐渐显现，环境规制对绿色技术创新水平的提高、产业结构调整及对环保产业等新兴产业的促进作用日渐明显。学者们开始加强从环境规制视角探索其对工业产能利用率的影响，并着手研究环境规制对产能过剩的作用机制。对环境规制作用于产能过剩机制的探讨不仅有助于引导企业技术创新水平的提高、带动区域产业结构优化升级，而且有助于促进环境质量改善，从而实现生态文明建设与工业高质量发展双赢的目标。

1.1 选题背景

1.1.1 国际背景

工业作为实体经济的产业主体，是物质财富的重要来源。毋庸讳言，工业化进程改善了人类的物质生活条件。然而，长期以来，以化石燃料为主的能源消费结构，造成经济发展难以持续的困境，对生态环境造成巨大的破坏，产生了严重的环境危机。在工业化进程中，频繁出现的产能过剩也成为发达国家工业化进程中的突出问题。产能过剩不仅造成资源浪费和生态环境恶化，而且加剧了宏观经济波动，阻碍了经济可持续发展。尽管发达国家尝试采用推动市场化改革，采用国际产能输出和鼓励企业兼并重组等措施化解产能过剩，但是产能过剩问题并未得到有效解决。而且，在工业化进程中，发达国家产能过剩频发，出现了生态环境危机和产能过剩交错出现的局面。如何实现环境质量改善和产能过剩治理双赢的目标、促进工业绿色发展成为摆在发达国家面前的难题。

为在动态发展进程中探索环境污染治理和产能过剩化解双赢的路径，先进工业国家逐步完善环境法律体系，积极推动环境政策在经济发展、环境治理及产能过剩治理中发挥作用。在先进工业国家治理产能过剩时，环境政策作为重要措施，融合财税政策、金融政策以及产业政策，在一定程度上起到促进工业绿色发展的作用，直接或间接地作用于产能过剩治理。20 世纪 60 ~ 70 年代以来，美国、日本及欧盟等先进工业国家和地区加强环境污染治理，出台了一系列环境法律法规和环境经济政策。其中，在环境立法"黄金十年"中，美国政府制定了 20 多项环境法律，构建起系统的环境法律体系。最具代表性的是，1970 年美国实施《国家环境政策法》，开启了出台绿色产业发展的政策和法律浪潮，为工业绿色发展提供了法律依据。1973 年，欧共体出台《第一个环境行动计划》，为欧共体环境政策奠定了基础。日本政府通过 1970 年颁布《净化空气法案》和 1976 年颁布《资源保护与回收法案》，明确自 1980 年开始实施强制性能效标识等制度，以法律手段和创新制度手段强制规定行业的环境标准，提高钢铁行业在能源消耗及绿色环保等方面的标准，限制行业准入，为产能过剩治理提供了法律依据。发达国家不断完善环境政策体系，逐步形成了命令控制型环境规制、市场激励型环境规制及非正式环境规制。先进工业国家系统的环境政策对产业结构、创新方向及要素配置均产生了难以逆转的影响。

后金融危机时代，绿色发展已成为国际社会的广泛共识与大势所趋。以资源消耗和需求拉动为支撑的经济增长模式受到了严重冲击，发达国家更加注重以应对气候变化为主要目标的环境治理优化和产业绿色化发展。发达国家率先实行绿色新政，培育新的经济增长点，促进新旧动能转换，来应对日益严峻的资源环境与能源问题。各国纷纷制定绿色发展新政加强环境治理和绿色转型，培育新的经济增长点，提升国际竞争力。

2008 年以来，发达国家和地区引领全球绿色发展的潮流，纷纷提出绿色转型发展的目标和路线图，开展多种经济体制改革、制定环境经济政策创新来促进绿色发展。尽管表面上美国绿色新政和制造业强国战略对化解产能过剩作用并不显著，但是实质上通过"再工业化战略"重塑制造业竞争优势，加速化解产能过剩（盛朝迅，2013）。较为显著的是，2009 年美国制订的绿色经济复兴计划和"再工业化战略"、日本政府颁布的《21 世纪环境立国战略》和《绿色经济和社会变革》草案，以及欧盟启动的整体绿色经济发展计划等，各国（地区）"绿色新政"的实施旨在通过将绿色发展上升为国家发展战略，通过加强顶层设计来支持绿色技术创新，引导工业资源从传统工业产业转移到绿色节能环保产业之中，培育和创新经济增长点，从整体上推动经济结构转型，引导产业高质量发展。

1.1.2 国内背景

改革开放 40 余年来，中国的经济发展取得了令世界瞩目的成就，成为世界第二大经济体。以"高消耗、高污染、高排放"为典型特征的粗放式发展模式在促进经济高速增长的同时，也严重地损害了生态环境。发达国家上百年工业化进程中分阶段出现的环境问题在我国集中出现。客观上，加速工业化、城镇化带来了持续增大的生态环境压力，积累了经济风险、生态风险、民生风险和国际政治风险。

　　与此同时，以要素驱动和投资驱动的粗放式经济增长模式也产生了产能过剩问题，经济发展质量和可持续性受到负面影响。在煤炭、造纸及有色金属冶炼业等高污染、高能耗的产业中，产能过剩频频发生。不仅如此，新近研究表明产能过剩问题有从传统行业向新兴产业蔓延的趋势，呈现出长期性、全局性及频发性等特点。全局性的工业产能过剩不仅降低了资源利用率水平、加剧了环境污染，而且放大了宏观经济风险，阻碍产业结构优化升级，延误经济高质量发展的战略机遇期。为化解产能过剩矛盾，我国政府制定了《国务院关于化解产能严重过剩矛盾的指导意见》《国务院关于加快推进产能过剩行业结构调整的通知》《关于抑制部分行业产能过剩和重复建设引导产业健康发展的若干意见》《关于进一步加强淘汰落后产能工作的通知》等治理产能过剩的政策。尽管随着一系列政策的推行，淘汰落后产能取得了一定进展，但是诸多工业行业产能利用率低下的问题长期存在，产能过剩问题依然严重。部分"僵尸企业"死不了、退不出，导致大量资源和要素被锁定在低效率部门。调查数据显示，2018 年非金属矿物制品业行业平均产能利用率低于 73%，化学原料及化学制品制造业产能利用率最大值为 76%。产能过剩"频发"，甚至产生了"产能过剩—治理—改善—产能过剩"的恶性循环。在工业绿色发展的时代背景下，如何化解产能过剩矛盾、促进资源利用率提升，从而推动经济高质量发展，成为生态文明建设过程中亟待探究的问题。

　　工业化中后期，我国将产能过剩治理问题纳入工业绿色发展框架中，相继出台绿色金融、绿色信贷、绿色财税财政、绿色市场体系及支持工业绿色发展的产业政策。在产业政策中逐步融入可持续增长目标，实施绿色导向的产业政策，推动传统工业绿色转型。对于产能过剩治理、防范新增过剩产能，中央政府提出环境规制的重要价值。2009 年 12 月，中央经济工作会议指出，"加强节能减排重点工程建设，坚决管住产能过剩行业新上项目"。2013 年 12 月中央经济工作会议强调，"政府要强化环保、安全等标准的硬约束，加大执法力度，对破坏生态环境的要严重惩罚"。两次中央经济会议都将环境规制应用到产能过剩治理之中，来提高工业产能利用率，推动工业产业绿色转型。在工业绿色转型中，环境规制与产业政策融合更加密切，在产业政策中融合产能过剩行业的环境标准，提高工业环境硬约束，倒逼产能过剩行业转型。例如，2012 年，在产能过剩背景下，工业和信息化部出台了《工业节能"十二五"规划》，提出"到 2015 年我国钢铁行业吨钢综合能耗力争下降到 580 千克标准煤"，对钢铁行业提出了能耗标准。为进一步探索环境规制对化解产能过剩矛盾的作用，突出环境规制在推动落后过剩产能治理的重要性，2013 年 10 月国务院出台了《关于化解产能严重过剩矛盾的指导意见》，明确提出将"强化环保硬约束监督管理"作为化解产能严重过剩矛盾的政策措施之一。

随着绿色发展理念逐步实践、环境规制"趋紧从严"及生态文明制度体系的不断完善，环境规制对工业产业产能利用率积极作用逐渐显现。党的十八大把生态文明建设放在突出地位，融入经济建设、政治建设、文化建设及社会建设各方面和全过程，对环境问题的关注上升到了战略新高度。党的十九大报告明确提出中国特色社会主义进入新时代，中国环境立法执法随之进入了全面"趋紧从严"的新阶段。环保督察、环境管理体制垂直改革、环保约谈及绿色发展绩效改革等新理念和新制度的逐步落实，显著提高中央政府对地方政府环保执法的监察和激励，逐步克服环境监管失灵，逐步推动"环境守法新常态"，加强环境规制对淘汰落后产能的作用日渐凸显。强化环境规制的约束力度，加强环境规制硬约束，通过提高经济活动的环境成本，加速了工业企业淘汰高能耗、高污染及不符合环境技术标准的落后产能，引导工业资源的重新配置。而且，强化环境规制的约束门槛，优化能源消费结构，工业产业技术创新水平提高，促进工业产业结构优化升级，从而间接地实现经济效益、环境效应及社会效益多重共赢的目标。然而，环境规制对提高产能利用率的效果也受到政府经济增长目标、地方政府竞争、环境规制执行强度及官员腐败等因素的干预。而现行环境管理体制难以与产能过剩治理、工业绿色化发展及经济高质量发展相适应。因此，随着环境管理体制障碍的破除，环境规制对提升工业产能利用率的作用仍有巨大潜力。

尽管整体上我国已经进入工业化后期（黄群慧，2018），但是工业发展仍有广阔的发展空间。在工业化后期，如何促进工业绿色发展成为当前及未来需要重点探讨的问题。在国内外经济发展环境与条件变化的情形下，研究环境规制对产能过剩的作用机制势在必行。研究环境规制对抑制落后产能的作用机制，对探索实现经济发展和环境保护双赢路径、促进工业企业技术创新、实现产业结构优化及推动经济高质量发展具有重要的理论价值和现实意义。

1.2 研究意义

1.2.1 理论意义

总体而言，本书结合前沿的理论和研究方法，系统地构建环境规制对产能作用机制的理论框架，从直接影响、作用机制、影响因素及异质性四个方面，系统地研究了环境规制对产能过剩的影响，进一步完善了环境规制和产能过剩理论，为实现环境治理和产能利用率提升双赢目标提供了理论依据，具有较高的理论价值。

第一，本书从环境规制理论视角出发分析产能过剩的成因、治理措施，构建理论模型分析环境规制作用于产能过剩的机制，深入探讨经济增长目标、地方政府竞争及反腐败等影响因素，从而对现有环境规制理论和产能过剩理论做出补充，同时为实现环境治理和产能利用率提升目标提供理论依据。第二，本书从环境规制视角出发，遵循环境规制理论的"成本效应"和"创新补偿效应"假说，详细分析技术创新机制和产业结构机制，讨论环境规制对产能过剩作用的机制机理，为从环境规制视角治理产能过剩提供理论依据。第三，本书结合地方政府竞争理论，拓展分析环境规制作用于产能过剩机制的影响因素，实证分析经济增长目标、地方政府竞争及反腐败三个因素与环境规制的交互作用对提升产能利用率的可能性，进一步丰富环境规制竞争对提高产能利用率的理论基础。

1.2.2 现实意义

研究环境规制对落后产能作用机制同样具有重要的现实意义。首先，本研究有助于政府进一步优化完善环境规制组合，借助环境规制手段实现环境质量改善和工业产能利用率提升，从而实现工业高质量发展。本书重点研究环境规制对淘汰落后产能的机制，比较不同类型环境规制工具的有效性，借鉴美国、日本及欧盟等先进工业国家和地区借助环境规制化解产能过剩的宝贵经验，为政府部门提供提高产能利用率和培育新兴产业政策建议。这不仅是我国政府工作努力的方向，同时也是积极为世界和人类转型经济发展提供经济体制改革可借鉴的经验探索，辅助政府探索环境质量改善和产能过剩质量双赢的路径，从而实现工业高质量发展。其次，本研究进一步完善地方政府绿色发展绩效考核制度。本书探索地方政府经济增长目标、地方政府间竞争及反腐败与环境规制交互作用，分析以经济增长目标为标尺的竞争对环境规制治理落后产能的不利影响，对于进一步完善地方政府绩效考核制度具有重要作用。再次，本研究激励企业加大绿色创新投入，提高工业企业竞争能力。本书从环境规制视角出发，分析环境规制通过技术创新和产业结构中介效应而间接地提升产能利用率，探索产能过剩治理与环境保护双赢的路径，提高工业企业绿色技术投入，从而提升工业企业的国际竞争力。本书从环境规制视角探索治理产能过剩的路径，提出加强工业产业投资的环境标准门槛，减少工业企业降低忽略环境成本的过度投资，提高工业资源利用率，从而在整体上加速工业绿色转型和新兴产业崛起，实现环境保护与工业经济发展双赢的目标。最后，本研究有助于环境管理部门推动环境监管体制改革。本书对形成工业经济可持续发展的环境管理体制，推动环境管理体制改革和地方政府绿色发展绩效考核体系进一步完善，具有重要的借鉴意义。在新时代促进经济高质量发展的背景下，从环境规制视角研究如何实现产能利用率提高，实现淘汰和防范产能过剩，分析环境执法趋严对化解产能过剩产生的积极与消极影响，探索实现工业绿色发展的有效机制，激励地方政府形成绿色发展考核机制和动力机制及环境监察监督机制，制定灵活有效的环境规制手段，同时也在实践中检验环境规制改革和制度创新等措施的有效性。

1.3　概念界定

从理论和实证分析环境规制对产能过剩的作用机制及其影响因素时，对环境规制和产能过剩概念进行明确的界定，便于准确理解环境规制对产能过剩的作用机制机理，进一步深入探索环境治理与产能过剩化解的机制。

1.3.1　环境规制

环境规制是政府规制在环境保护领域的重要体现。因此，在对环境规制进行概念界定时，需要先明确政府规制的概念。政府规制始终离不开市场经济，是脱胎于国家干预主义、界于完全政府控制和完全市场经济之间的一种社会管理方式（殷宝庆，2013）。马歇尔在《经济学原理》中提出自然垄断和外部性导致市场失灵，成为政府规制的有力证据和逻辑起点（马歇尔，1990）。此后，国外学者们对政府规制的研究产生了公共利益说、政府规制俘虏说、激励性规制说、竞争性规制说及社会性规制说等理论学说（张红凤和杨慧，2011；王爱君和孟潘，2014）。概括而言，政府规制研究主要分为"公共利益范式"和"利益集团范式"（张红凤，2012）。

尽管卡恩（Kahn，1970）、斯蒂格勒（Stigler，1971）、植草益（1992）、小贾尔斯·伯吉斯（2003）、丹尼尔·F. 史普博（Daniel F. Spulber，1999）、多恩（Doern，2002）等研究者对政府规制所覆盖范围存在一定的差异，但是这些研究者对政府规制界定存在共性，即政府部门依据相关法律法规对经济主体活动进行直接或间接的干预，意在解决市场经济机制内在问题和维护公共利益（刘伟等，2017）。

而环境规制则是政府规制的重要组成部分，是政府采用环境经济政策促进经济可持续发展的重要抓手。作为社会规制的重要内容，长期以来环境规制作为政府治理环境污染、减少环境污染负外部性的政策工具而存在，导致现有研究对环境规制的定义仅仅局限于将其视为政府治理环境污染、减少环境污染负外部性的手段，忽视了环境规制促进经济可持续发展过程中的重要作用。目前，理论研究和实践都表明，环境规制并不仅仅是环境污染治理的手段，而且是淘汰落后过剩产能、促进工业结构调整与升级、加速培育环保产业、提高产业国际竞争能力及带动工业绿色发展的重要经济政策，并且呈现出与产业政策相融合的显著特征。因此，从环境规制视角研究产能过剩治理问题需要打破对环境规制的狭隘理解，对环境规制进行重新界定。

在中国，环境规制逐渐与政府官员激励机制相结合，对政府经济政策制定、项目审批立项及政府官员行为产生了重要影响。此外，尽管政府环境规制出发点是为了维护公众利益，但是环境规制实践中受到腐败等影响而出现环境规制失灵等现象。因此，环境规制研究范式不单是"公共利益范式"或"利益集团范式"中一种，而是两种范式的融合。在前人研究基础上，本书将环境规制定义为：政府所制定的运用行政手段、市场手段、公众监督及其他配套政策来引导企业绿色生产和消费者绿色消费，推动社会整体实现环境质量改善和经济可持续发展双赢目标的法律法规、规章制度、行业环境标准及经济政策。

环境规制工具是环境规制有效性的关键，对环境规制有效性具有重要的影响。对于环境规制工具的分类，研究者们各持己见。现有文献对环境规制工具的分类包括二分法、三分法和四分法（梁劲锐，2019），但是三种划分方法并无本质区别。结合本研究对环境规制的定义及其研究需要，本书采用二分法，将环境规制划分为正式环境规制和非正式环境规制。其中，正式环境规制又分为命令控制型环境规制和市场激励型环境规制，非正式环境规制以公众参与型环境规制为主。命令控制型环境规制指的是政府环境保护部门制定法律法规和部门规章制度，明确规定企业污染物排放量标准、强制技术标准等，强制约束企业内部化污染成本。命令控制型环境规制采取行政命令的方式对企业生产经营活动强制性约束，针对企业违法行为依法制裁。地方法律法规、条例及企业生产过程标准、技术标准、排放标准、减排标准、污染排放区域与时段等都属于命令控制型环境规制。在实践中，命令控制型环境规制具有权威性和强制性的特点，对企业生产经营活动起到强制性作用。市场激励型环境规制指的是政府基于市场行为主体间的关系，运用市场机制、借助市场力量以经济刺激方式来引导企业绿色生产经营的政策工具，可分为"建立市场"和"利用市场"两类（杨洪刚，2009）。资源税、环境税费、排污权交易、减排补贴等都属于市场激励型环境规制。研究表明，市场激励型环境规制更加灵活，对企业生产经营活动起到激励引导作用，在一定程度上起到促进企业绿色发展的作用。非正式环境规制是指企业、公众及社会团体自愿参与到环境决策制定中，对企业污染排放行为进行监督的规制方式，以环境信访、人大与政协提案等公众参与型环境规制为代表。公众参与型环境规制属于典型的非正式环境规制，是对市场和政府在环境资源领域配置资源的重要补充。尽管随着网络媒体技术的日趋成熟，网络媒体技术在一定程度上提高了社会公众参与环境治理的积极性和便捷性，但是由于信访制度缺陷和地方环境规制机构非独立性，公众参与对环境治理的积极作用受到制约。

1.3.2 产能过剩

西方主流经济学者或将产能过剩视为在位企业试图以过度投资向潜在进入者发出可置信威胁的策略性投资行为（Spence，1977；Dixit，1980；Barham & Ware，1993），或者将其作为企业应对市场需求的不确定性而所保持的合理闲置产能（Esposito，1974；Pindyck，1988；Paha，2013）。因此，产能过剩被视为无需政府干预的市场现象。

目前，学界对产能过剩概念界定的方法包括定性和定量两种方法。然而，因定性方法精确性的缺失，研究者主要从定量视角界定产能过剩（付东，2017）。国外早期研究者们从定量角度对产能过剩概念提出了明确的界定。张伯伦（Chamberlin，1933）在界定完全产能的基础上，首次从微观经济学视角系统性地阐述了"产能过剩"的概念，指出完全产能是完全均衡条件下的产出水平，不完全竞争引起的经济组织的无效率进而导致产能过剩，即产能过剩是指企业的实际产出小于其最优规模（平均成本最小）时的产出水平。卡塞尔（Cassels，1937）认为，产能过剩被定义为在给定资本存量和要素投入价格条件下，企业长期希望获得的产出水平，即长期平均成本曲线最低点所对应的产出水平。约翰逊（Johansen，1968）认为企业预先投入的生产能力超出了均衡产量所需，从而导致生产要素闲置的现象，是利用已有的工厂和设备在单位时间内所能得到的最大产出与实际产出之间的偏离。卡米恩和施瓦兹（Kamien & Schwartz，1972）认为，产能过剩就是处在垄断竞争或不完全竞争行业的企业生产设备利用率低于使用平均成本达到最小时的情形。柯克利和斯夸尔斯（Kirkley & Squires，1999）认为当生产能力超出了期望或目标产量时，就出现了产能过剩。尽管这些研究者从微观视角界定了产能过剩，但对产能过剩概念的界定主要从微观视角出发，并未从地区与行业角度界定产能过剩。

长期存在的产能过剩放大了宏观经济风险、降低了资源利用率，并且加剧了环境污染，引起国内研究者的广泛关注。为在不同层面上更加准确地研究产能过剩问题，国内学者从宏观层面、行业层面及微观层面对产能过剩概念进行了界定。在宏观层面，产能过剩是指社会经济活动没有达到正常限度的产出水平，导致生产要素闲置的现象（张晓晶，2006；韩国高，2011；周劲，2011；刘航，2014）。在行业层面，产能过剩是指一定时期内某行业的实际产出在一定程度上低于该行业的产能产出（王兴艳，2007；窦彬，2009；林毅夫，2010）。在微观层面，产能过剩是指实际产出低于产能产出达到一定程度时所形成的生产能力过剩（卢峰，2010；曹建海，2010；钟春平，2014；国务院发展研究中心，2015）。因此，参考上述产能过剩概念的界定，考虑到地区和行业层面产能过剩问题研究的需要，本研究将产能过剩定义为：由于地区或行业产能利用水平低下，造成一定时期内某地区或行业的实际产出低于该地区或行业的产能产出的现象。

1.4　研究思路与分析框架

1.4.1　研究思路

本书主要遵从"研究背景分析—研究问题提出—概念界定—研究意义—文献梳理与评述—理论基础与机制—研究假说—实证检验—影响因素探索—国际经验借鉴—政策建议"来构建研究脉络，旨在重点论证环境规制工具对提高产能利用率的有效性及其作用机制。首先，本书分析国际和国内工业经济发展现实背景与趋势，在分析现有研究背景与趋势的基础上，提出环境规制作用于产能过剩研究问题，并且总结理论价值与现实意义。其次，本书对环境规制作用于产能过剩的文献研究进行梳理，评述现有研究的不足，并提出未来研究中有待于进一步拓展的空间。在此基础上，本书构建环境规制作用于产能过剩的理论框架，分析环境规制作用于产能过剩的影响机制，发现环境规制通过影响产业结构、技术创新作用于产能过剩，进而提出本书主要的理论假说，并结合工业产业省际面板数据与制造业行业面板数据，采用计量回归方法进行实证检验。再次，本书结合政府行为对环境规制产生的重要影响，考虑影响环境规制的经济增长目标、地方政府竞争及反腐败等重要因素，分析三个重要影响因素与环境规制交互作用对产能过剩的影响并探讨交互效应的异质性。最后，总结美国、日本及欧盟等典型工业国家和地区对产能过剩治理的历史经验，着重分析环境规制在先进工业国家产能过剩治理和培育新兴产业中的重要作用，提炼出对我国借助环境规制工具化解产能过剩、培育新兴产业及提高产业国际竞争力的启示。此外，结合我国现实国情，分析环境执法趋严的态势及其对化解产能过剩的积极与消极影响，进一步地提出有利于从环境规制角度治理产能过剩、实现环境质量改善与产能过剩治理双赢的建议。

1.4.2 分析框架

本书在把握国内外研究背景、梳理现有研究成果及评述现有研究不足的基础上，分析环境规制作用于产能过剩的理论基础与机制机理，并提出基本理论假说。为检验理论假说的真伪，本书进而以我国 2001 ～ 2017 年省际面板数据与 19 个制造业细分行业面板数据为基础，构建面板数据，采用最小二乘法、固定效应、系统矩估计、门槛效应及被调节的中介效应等计量方法，对环境规制作用于产能过剩的机制及其二者关系进行实证检验。在此基础上，本书结合中国特色分权体制与实际国情，考虑影响环境规制效果的经济增长目标、地方政府竞争及反腐败等因素，研究三个因素与环境规制交互项对产能利用率的影响。此外，本书总结主要工业国家以环境规制作为手段治理产能过剩的经验，结合实证分析所得的结论，从环境规制视角提出有助于治理产能过剩的环境政策建议。本书基本思路与技术路线如图 1－1 所示。

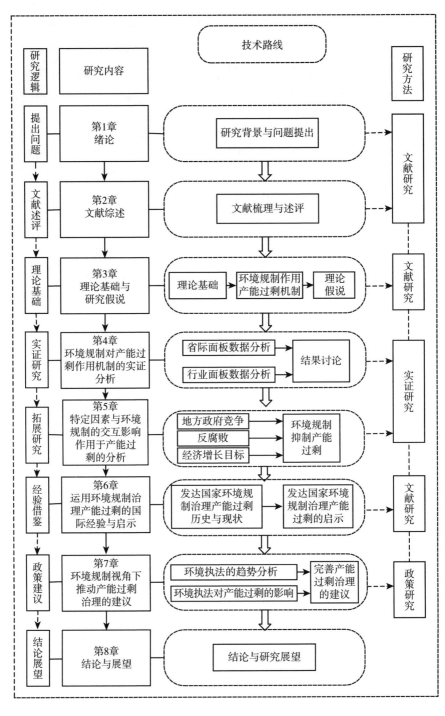

图1-1 本书研究技术路线

1.5 主要内容与研究方法

1.5.1 主要研究内容

第1章为绪论。本章论述选题背景与意义、研究内容与方法、研究思路与框架、研究技术路线与创新点及研究不足。

第2章为文献综述。本章梳理国内外已有研究成果，结合产能过剩成因与治理相关研究，重点梳理环境规制对产能过剩作用机制的文献研究，评述现有研究进展及其局限性，指出未来研究的重点方向。

第3章为理论基础与研究假说。基于已有研究，本章梳理相关理论基础，包括公共物品理论、市场失灵理论、环境规制理论、技术创新理论、产业结构理论及地方政府竞争理论。在此基础上，提出环境规制对产能过剩作用的机制机理并提出理论假说。

第4章为环境规制对产能过剩作用机制的实证分析。本章基于省际面板与制造业行业面板数据，构建静态面板模型和动态面板模型，采用套索（least absolute shrinkage and selection operator，LASSO）和随机森林（random forest）两种机器学习方法，以及面板固定效应模型、被调节的中介效应模型和门槛效应模型估计等计量方法，验证环境规制对产能过剩是否产生影响、二者之间形态关系及作用机制。其中，本书重点从产业结构与技术创新两个视角详细论证作用机制。通过实证研究，分析异质性环境规制对化解产能过剩问题有效性及其差异，进一步围绕实证结果进行异质性讨论。

第5章为特定因素与环境规制的交互影响作用于产能过剩的分析。结合中国特色的分权体制，本章考虑经济增长目标、地方政府竞争及反腐败三个因素对环境规制的影响，采用交互效应研究方法，引入环境规制与经济增长目标、地方政府竞争及反腐败三个因素的交互项，实证检验经济增长目标、地方政府竞争及反腐败对环境规制作用于产能过剩的影响，并对实证结果进一步展开讨论。

第 6 章为运用环境规制治理产能过剩的国际经验与启示。本章分析先进工业国借助环境规制进行产能过剩治理的历史经验，着重分析先进工业国家产能过剩治理中环境规制的重要作用，总结先进工业国家借助环境规制治理产能过剩、培育新兴产业及推动工业绿色发展的经验，并进一步总结对我国化解产能过剩、促进工业绿色发展双赢的启示。

第 7 章为环境规制视角下推动产能过剩治理的建议。本章分析环境执法趋严的态势，分析环境执法趋严对提高产能利用率的积极影响及存在的问题，并提出进一步完善环境规制治理产能过剩的建议。

第 8 章为结论与展望。本章总结主要结论与研究不足，进一步提出未来研究展望。

1.5.2　研究方法

1.5.2.1　文献研究法

通过查阅大量关于环境规制内涵与类型，产能过剩定义、成因与治理措施，以及环境规制作用于产能过剩机制的经典理论文献与最新研究成果，对国内外文献进行分类、归纳、梳理、提炼、批判及引证，分析国内外现有研究不足，提出本研究的提升空间及价值所在；并且，在梳理研究所依据的基本理论基础上，总结概括出环境规制对产能过剩作用的影响机理和传导机制，进而提出研究假说。

1.5.2.2　理论研究法

本书运用理论研究法的部分主要包括两个方面。一是环境规制作用于产能过剩的理论基础，包括公共物品理论、环境规制理论、外部性理论、市场失灵理论、技术创新理论、产业结构理论及地方政府竞争理论等相关理论，分析这些理论基础对环境规制作用于产能过剩的支撑作用。二是本书采用数理模型，从技术创新和产业结构两方面分析环境规制作用于产能过剩的理论机制。在此基础上，拓展分析经济增长目标、地方政府竞争及反腐败对环境规制作用于产能过剩的交互影响。研究表明，环境规制不仅激励企业技术创新，促进区域工业产能利用率提高，而且环境规制引导工业企业投资流向清洁产业，促进产业结构调整和转型升级。因此，本书采用理论研究法，将理论演绎与数理模型分析充分结合，从理论上分析环境规制、技术创新和产业结构对产能过剩的影响。

1.5.2.3 实证分析方法

本研究基于省际与行业面板数据，通过套索和随机森林两种机器学习方法进行变量筛选，构建面板固定效应模型、被调节的中介效应模型、面板门槛模型及交互效应模型，借助 Stata15 版计量软件进行数据处理与估计，验证异质性环境规制是否对以产能利用率表征的产能过剩具有一定的影响，进而研究二者之间的形态关系，并且区分地区与行业异质性。重点借助被调节的中介效应模型论证环境规制通过技术创新和产业结构作用于产能过剩的传导机制。结合经济增长目标、地方政府竞争及反腐败对环境规制的影响，采用交互效应计量模型，进而实证分析经济增长目标、地方政府竞争及反腐败三个因素与环境规制的交互项对产能过剩的影响。

1.5.2.4 比较分析方法

本书对美国、日本及欧盟等先进工业国家和地区环境规制治理产能过剩的历史经验进行比较，着重分析各国（地区）在产能过剩治理过程中环境规制的重要作用，提炼出先进工业国家运用环境规制提升产能利用率的宝贵经验，并结合我国实际国情，提出产能过剩治理建议，促进产能过剩问题治理与环境治理改善。

1.6 主要创新与不足

1.6.1 主要创新点

在梳理现有文献的基础上，本书对环境规制和产能过剩进行界定，深入分析环境规制对产能过剩的作用机制，基于地区面板数据和行业面板数据详细论证环境规制通过技术创新、产业结构调整来影响产能过剩，并且拓展分析干预环境规制产能过剩治理效果的经济增长目标、地方政府竞争及反腐败三个重要因素，继而提出从环境规制视角治理产能过剩的政策建议。与已有研究相比较，创新之处体现在以下三个方面。

1.6.1.1 研究视角创新

在研究视角方面，本书通过理论分析和实证检验，拓展了环境规制的应用领域和产能过剩治理的思路。现有研究仅仅将环境规制作为环境污染治理的工具，研究环境规制对环境污染治理的直接与间接影响。鲜有研究将环境规制与工业产能利用率相结合，来研究环境规制对工业产能利用的直接影响与间接影响。事实上，通过分析现有文献与环境规制演进脉络可知，现阶段环境规制已对产业结构调整、技术创新水平提高及工业产业投资规模产生重要的影响，说明环境规制并不仅限于作为环境污染治理工具而被提出，并且逐步转变为作为引导工业绿色发展、促进经济高质量发展且与产业政策相配合的政策工具。因此，本研究重新界定环境规制，丰富了环境规制的内涵，拓展了环境规制的外延，打破了环境规制固有的角色限制，有助于进一步理解环境规制作用于产能过剩的机制。

1.6.1.2 研究内容创新

在研究内容方面，本书遵循前人的研究思路，从技术创新和产业结构两方面论证环境规制作用于产能过剩的机制，完善环境规制作用于产能过剩的机制机理。已有文献从环境规制视角研究产能过剩问题，论证技术创新的作用及环境规制强度的门槛效应，尝试从环境规制视角研究产能过剩问题。然而，初期探索文献并未系统地分析环境规制作用于产能过剩的机制机理，更没有结合地区面板数据与行业面板数据进行实证检验，存在研究不系统、结论粗糙及数据不翔实等不足。本研究在已有研究基础上，拓展环境规制作用于产能过剩的机制机理，基于省际面板数据和制造业行业面板数据，采用最小二乘法（OLS）、固定效应（FE）、系统广义矩估计（SYS_GMM）、被调节的中介效应、门槛回归法及交互效应等计量方法，系统地分析和实证验证了环境规制作用于产能过剩的传导机制，对借助环境规制治理产能过剩具有一定的参考价值。

与已有研究相比，本书补充了影响环境规制治理产能过剩重要的现实因素。在分析和验证环境规制作用于产能过剩的技术创新机制与产业结构机制的基础上，本书进一步探讨地方政府竞争、经济增长目标及反腐败的影响，拓展了影响环境规制治理产能过剩的重要因素。脱胎于政府环境治理的政策工具，环境规制难以避免地受到环境管理体制、政府经济增长目标、地方政府竞争、政商关系及规制俘获等因素的影响。长期存在的以经济增长目标为标尺的竞争，将地方经济发展水平与官员政治晋升紧密联系。这在一定程度上调动了地方政府发展经济的积极性。借鉴国内外已有研究，考虑我国特有的分权体制及以经济增长为标尺的竞争模式，结合影响环境规制的地方政府竞争、经济增长目标及反腐败三个因素，采用交互效应模型，研究经济增长目标、地方政府竞争及反腐败三个因素与环境规制的交互作用对产能利用率的影响，进一步分析影响产能过剩治理的现实因素。此外，研究经济增长目标由单一的经济增长预期指标转变为包括增速预期目标与约束型环境目标在内的多元化增长目标时，竞争标尺变化前后环境规制治理产能过剩作用是否存在变化。

1.6.1.3 研究方法创新

在构建计量经济模型时，本书采用机器学习方法进行变量筛选。现有采用计量方法进行实证研究分析的文献，在选择变量构建回归方程时，主要依据基础理论并参照已有研究成果，但是也无法回避变量选择的主观性（尤其是控制变量组的选择）。传统的回归分析方法对于评估众多因子的重要性存在多重共线性等问题，而机器学习处理海量数据则具有较好的稳健性等优点。因此，本书在构建计量回归方程时，在参考基本理论和现有研究成果的同时，借鉴套索和随机森林两种先进的机器学习计量方法，来提高回归模型估计效率。

1.6.2　不足之处

本研究主要存在实证结果精准度下降、作用机制检验难以全面、内生性问题及环境规制政策效果难评估四个方面的不足。

1.6.2.1　实证结果精准度下降

由于部分地区数据和行业数据缺失，本书实证回归结果精确度受到负面影响，而且也无法分析地级市地方政府的行为及其影响。在地区维度，本研究主要采用的是省际层面的面板数据。然而，省际层面面板数据只能够反映省际层面环境规制对产能过剩的作用，并不能细致地反映省级与地级市之间的纵向联动关系和地级市之间的横向联动关系，限制了省市之间经济增长目标设置方式对环境规制影响的研究。在行业维度，本研究行业面板数据只是研究了制造业行业的数据，并未全面地研究所有的工业行业。在时间维度上，本研究的时间序列选择为2001～2017年，但是在笔者研究过程中各主要指标官方统计最新数据仅仅截至2016年，并且部分指标某年度数据缺失。尽管本书采用插值法进行数据处理，补齐某些缺失年份和地区（或行业）数据，并且外推一期数据，但是也难以回避估计误差的问题。

1.6.2.2　作用机制检验不够充分

本书系统地总结环境规制作用于产能过剩的机制机理，但是限于篇幅和数据质量，本研究并不能够实现对所有的机制进行检验，也并不能够采用多种方法，来更加详细地阐述某种作用机制产生的效果；而且，本书仅实证检验了异质性环境规制工具对产能过剩影响的差异性，并未对环境规制工具作用机制机理的异质性进行详细论证。在因素探索方面，本研究考虑了经济增长目标的影响，但是仅考虑了省级层面的经济增长目标，未分析、检验地级市的经济增长目标及省市之间的互动关系。

1.6.2.3 实证研究中未考虑内生性问题

本研究的逻辑起点是基于环境规制视角研究其对产能过剩的作用机制，并进行实证检验。然而，本书并未进行详细的因果识别推断。研究脉络仅考虑了环境规制对产能过剩作用的单项机制，如环境规制通过中介变量技术创新和产业结构而作用于产能利用率；但是，并未考虑产能过剩潜在地对环境规制产生的反向作用（如产能过剩通过技术创新影响产业升级），更忽视了由双向因果关系而产生的内生性问题。

1.6.2.4 环境规制政策效果有待评估

本书论证了环境规制是否对产能过剩具有一定的影响，并且进一步验证了环境规制对产能过剩的作用机制，也回答了"环境规制是否影响产能过剩""环境规制如何影响产能过剩"两个主要问题。然而，由于环境规制提升产能利用率主要通过技术创新、产业结构调整来间接实现，而且环境政策作为配套措施来促进产能过剩治理，难以采用科学的定量方法评估环境规制对提高产能利用率的效果。所以，本书并未采用定量政策评估方法来评估环境规制产生的政策效果及作用程度，也没有进一步对环境规制效果发挥的干预因素进行分析，故而无法量化环境规制对去产能的现状和政策效果。

第 ② 章

文献综述

长期以来，学术界对产能过剩问题的研究始终围绕产能过剩本身而展开，包括对产能过剩定义、测度及治理措施等细分问题的研究，并未将产能过剩问题的研究纳入工业绿色发展框架下，探索环境质量改善与产能过剩治理双赢的机制和路径。因此，从环境规制视角探索化解产能过剩矛盾、提高工业资源利用率的机制及路径，实现经济效益、环境效益及社会效应多重目标，不仅是新发展阶段学术研究无法回避的重要问题，更是"十四五"时期及探索高质量发展道路过程中需要重点关注和解决的问题（张军扩等，2019；郭克莎，2019）。

2.1 环境规制视角下产能过剩成因研究

回溯产能过剩的研究，已有成果颇丰。学术界对产能过剩成因的认识可谓是"仁者见仁，智者见智"，可以概括为"市场失灵论""体制扭曲论""政府不当干预论""竞争锦标赛论"等观点（林毅夫，2010；黄建柏等，2015；江飞涛等，2009；周黎安，2004）。在产能过剩治理方面，相关研究采用定性与定量的研究方法，论证了"市场化解""企业创新能力提升""国际产能合作""兼并重组"等措施化解过剩产能的有效性，在一定程度上拓宽了产能过剩治理的思路（刘戒骄，2017；王立国，

2014；杨振兵，2018；刘航，2015；刘磊，2018；刘勇等，2018）。部分文献孤立地看待产能过剩问题，主要关注产能过剩本身问题，割裂了产能过剩问题与工业经济可持续发展问题之间的联系，并未将产能过剩问题融入工业绿色发展之中，忽视了淘汰落后产能对环境质量改善、经济高质量发展的重大意义（张平淡和张心怡，2016），也忽视了作用于环境污染治理的经济政策对工业产业绿色转型的重要价值，最终导致现有研究难以回答环境经济政策是否在一定程度上影响产能过剩、如何影响产能过剩及如何实现环境质量改善与产能过剩治理双赢等问题。

2.1.1 环境规制对产能过剩影响分析

近年来，随着可持续发展目标逐步融入产业政策，环境经济政策从作为环境污染治理与改善环境质量的重要工具（郑石明，2019），演变成为配套性政策，作为促进工业产业高质量发展的政策而备受关注。学术界出现了将环境经济政策作为重要的产业政策，来研究环境经济政策对传统工业转型升级与工业产业绿色发展（刘和旺等，2019）及环保产业等新兴产业发展的重要影响（何欢浪和陈璐，2019）的趋势。针对阻碍工业产业健康发展的产能过剩问题，研究者加强了从环境规制视角对淘汰落后产能的研究。已有文献主要从环境规制视角来研究产能过剩成因与治理问题，表明环境规制对化解落后产能起到了直接与间接的作用。

环境规制视角下产能过剩的成因分析，是从环境规制视角治理落后产能研究的基础。江飞涛等（2012）认为，环境产权模糊、环境监督管理部门双重管理体制的缺陷，以及地方政府以吸引投资为目的的宽松环境政策为纵容污染密集型产业的过度投资创造了便利条件。尽管本书从环境角度客观地分析了产能过剩的成因，但是仅仅笼统地阐述了环境产权模糊及环境治理体制的问题为污染密集型产业发展创造了条件，没有直接研究环境规制对产能过剩的影响，更没有从环境规制视角提出科学合理的治理措施。

我国政府出台的产能过剩治理政策逐步加强了环境目标约束及落实

情况的考核①，研究者们更加重视对环境规制抑制产能过剩的研究。已有研究以产能利用率作为产能过剩的代理指标，将环境规制与产能利用率相结合，遵循创新补偿效应研究环境规制对产能利用率的影响（韩国高，2018；刘建勇，2018）。然而，现有文献主要关注环境规制通过技术创新对产能利用率产生的影响，并未考虑环境规制对技术创新影响可能存在的不确定性及环境规制的结构效应（张成等，2012；原毅军，2014），并未系统地回答环境规制是否对产能过剩产生影响、环境规制工具有效性的差异、不同程度产能过剩下环境规制有效性的差异，以及环境规制如何作用于产能过剩。现有直接研究并未结合中国国情，进一步讨论地方政府经济增长目标、地方政府间的竞争行为及官员特征等对环境规制有效性产生的重要影响（林伯强和孙传旺，2011；马亮，2013；李胜兰等，2014；韩超等，2016）。孙伟增等（2014）的研究进一步表明，地方政府的产业选择与招商引资行为呈现强绩效考核偏好、强吸纳就业偏好、弱环境保护偏好的现象。以地方政府为主导的资源配置方式导致环境规制调节生产要素价格的作用失灵。同时，环境规制软约束扭曲了企业家的创新行为，降低了企业技术创新投资，难以起到激励企业家主动进行绿色创新的作用。因此，在研究环境规制对产能过剩作用机制时，要考虑地方政府行为对环境规制作用于产能过剩的重要影响。

2.1.2　分权模式下环境规制执行对产能过剩影响分析

在中国式分权体制下，基于委托代理模型的中央政府与地方政府关系研究表明，中央政府对经济增长重视程度与环境保护重视程度，都对地方政府环境规制的执行具有重要的激励作用（潘峰等，2015）。然而，激励效果的发挥严重依赖于信息披露程度高、央地府际间信息对称的强假设。在信息不对称、监督成本高的情形下，中央政府对地方政府环境

---

①　2010年国务院出台了《关于进一步加强淘汰落后产能工作的通知》，明确了"严格市场准入、环境评价，加强环境经济手段的调节作用以及环境执法力度"。重点政策约束机制详见中华人民共和国中央人民政府官网，http://www.gov.cn/zwgk/2010-04/06/content_1573880.htm。

规制实际执行力度的监督"名存实亡",环境规制有效性实际上很大程度上依赖于地方政府的执行力度与成本(姜珂等,2016)。而对于集经济增长与环境保护双重目标于一身的地方政府,在缺少监督约束的作用下,环境保护目标不可避免地让位于经济增长目标,导致了"重视制定、轻视执行、非完全执行"的尴尬局面长期存在。在经济发展与环境保护权衡之际,受到地方官员经济赶超与晋升激励的影响,一些地方政府一方面选择以牺牲生态环境换取经济高速增长,另一方面在经济赶超与环境规制执行之间摇摆不定,造成了地方环境经济政策制定不连续、执行不到位的后果,严重地抑制了绿色发展效率水平(何爱平和安梦天,2019)。因此,在研究环境规制对化解过剩产能的作用机制时,需要考虑中国财政分权下中央政府与地方政府之间的博弈关系,思考地方政府主导型市场经济中(何晓星,2005),在经济增长目标、地方政府间的竞争行为存在的条件下,环境规制作用于落后产能的机制(庞明川,2004;刘祖云,2007;宋晨,2009;张为杰,2015)。

环境规制视角下工业产能过剩的成因如图 2-1 所示。

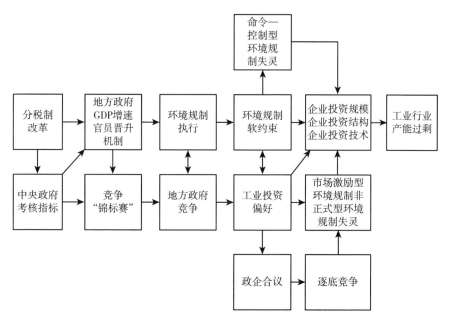

图 2-1 环境规制视角下工业产能过剩的成因

资料来源:笔者根据文献资料整理绘制。

　　作为环境规制的实际执行者，地方政府对环境规制的实际执行强度和执行偏好具有重要的影响。地方政府行为是影响环境规制能否起到抑制落后产能作用的关键因素。分税制改革以后，地方政府有了更大的财政自主权。为调动地方政府促进经济增长的积极性，形成了以经济增长为纽带、以地方政府竞争与官员晋升竞争为特点的模式（周黎安，2007）。因信息不对称而缺少对地方政府经济发展行为必要的监督时，由于央地目标偏差、地方政府官员晋升诉求及环境目标的非独立性，环境保护目标让位于经济增长目标，导致地方政府环境规制非完全执行现象普遍存在和非完全执行路径锁定（潘峰等，2014；王猛，2015；张华，2016；王怡，2019）。尽管 2009 年环境行政体制改革提高了地方环境保护机构的自主性，但地方政府仍对辖区环境主管部门具有较强的控制力，导致地方环境规制独立性缺失，最终环境规制偏好与实际执行强度受到官员个体特征和绩效考核偏好的严重干预（韩超和王海，2014；韩超等，2016；孙伟增等，2014），削弱了环境规制对经济健康发展的积极作用。

　　通过对环境规制视角下产能过剩成因分析的相关文献进行梳理与分析，发现在中国式分权模式下，以经济增长为标尺的竞争模式及该模式滋生畸形的政企行为，严重地削弱了环境规制对落后工业产业项目建设的"筛选"作用，加剧了工业产业产能过剩。

2.2　环境规制视角下产能过剩治理研究

2.2.1　环境规制作用于产能过剩的机制研究

　　从环境规制视角研究落后过剩产能治理是转变发展方式、探索生态环境保护与过剩产能治理双赢目标的重要部分，有助于促进我国工业绿色转型、实现工业经济高质量发展。国外研究者研究表明，环境规制通过影响企业家投资行为而提高资源利用率。国内已有研究将环境规制与产能过剩相联系，将技术创新作为纽带，构建"环境规制—技术创新—产能过剩"关系，采用实证研究方法探索技术创新的中介效应与门槛效应（成琼文等，2018；韩国高，2018）。研究者以我国数据为基础、围绕"波特假说"展开的相关研究表明，环境规制对工业绿色竞争力（杜龙政等，2019）、绿色技术创新本地与邻地效应并未达到一致结论（董直庆和王辉，2019；苏昕和周升师，2019；张娟等，2019）。环境规制推动技术创新水平提高关键在于环境规制工具的选择（郭进，2019），并需要跨越技术创新门槛值，环境规制和技术创新共同作用于产业结构升级的正向作用才能得以显现（周柯和王尹君，2019），故而环境规制通过中介变量技术创新作用于产能过剩的结论也是悬而未决。国务院发展研究中心与经合组织联合课题组[①]（2018）研究发现，环保检查对化解造纸、农业等污染严重行业过剩产能，加速淘汰落后生产设备，加快落后产能行业调整具有积极作用。已有研究并未系统地考虑环境规制作用于落后过剩产能的机制，也没有考虑环境规制执行者激励与地区政府间互动所产生的影响（赵霄伟等，2014；金刚等，2018），更没有分析环境规制对新兴产业的重要作用。

随着我国环境经济制度不断完善，环境规制对地方政府行为的正向引导作用逐步提高。党的十八大以来，我国环境规制进入新的发展阶段，更加重视践行生态文明建设与绿色发展。随着中央政府环境监管趋严，环保考核制度、环境保护问责机制、环境信访制度及信息披露制度逐步完善，产业政策融合了环境绩效目标。同时，地方政府绩效考核更加重视环境绩效考核，引导工业发展更加强调环境绩效与绿色发展（孙伟增等，2014；吴建南等，2016）。邓慧慧等（2019）运用 2006～2016 年我国 30 个省级面板数据，对雾霾污染治理对工业绿色转型影响进行了实证分析，研究表明雾霾治理通过作用于当地工业结构和促进工业生产效率提升，有效推动了当地工业绿色转型。本书还发现科学合理的政绩考核

①　国务院发展研究中心与经合组织联合课题组，李伟，Angel Gurria，隆国强，王一鸣，许召元，殷婷. 我国化解产能过剩的总体进展及政策建议 [J]. 发展研究，2018 (7)：18 - 24.

有助于强化雾霾治理的正向效果，也进一步为借助环境规制治理环境污染问题，从而引导工业绿色发展、治理产能过剩提供了依据。

环境规制视角下工业行业产能过剩治理如图 2 - 2 所示。

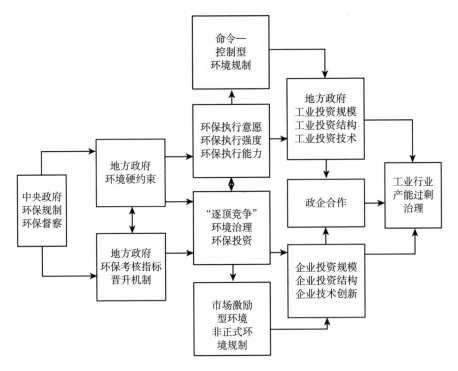

图 2 - 2　环境规制视角下工业行业产能过剩治理
资料来源：笔者根据相关文献资料整理绘制。

2.2.2　异质性环境规制工具对产能过剩治理作用研究

环境规制的逐步完善，不仅对地方政府形成了硬约束，而且逐渐改变了竞争标尺，引导地方政府由"逐底竞争"转向"逐顶竞争"，环境规制对提高工业资源利用率、淘汰落后产能及引导工业绿色转型的作用得以发挥。考虑在不同发展阶段及不同地区经济发展水平的差异性，研究者发现不同类型环境规制工具对提升工业产能利用率的作用存在一定差异，故而对环境规制作用于工业产能过剩的研究需要注重对环境规制工具选择及地区异质性的分析。彭星等（2016）系统地分析了不同类型环境规制对工业绿色转型影响的差异性，研究表明市场激励型环境规制与自愿意识型环境规制通过促进绿色技术创新水平而有效地推动了工业绿色转型，而命令控制型环境规制效果却并不明显；研究进一步发现，即使是同一类环境规制对于工业绿色转型的作用效果也存在区域异质性（彭星和李斌，2016）。而张江雪等（2015）、杨仁发等（2019）研究环境规制对工业产业绿色发展的作用，则呈现出不同的结果。张江雪等（2015）通过构建"工业绿色发展指数"，采用面板数据模型，对命令—控制型环境规制、市场激励型及公众参与型环境规制工具对工业绿色发展影响异质性进行实证分析，结果显示命令—控制型和市场激励型环境规制对工业绿色发展的作用显著，且主要存在于低绿化区域，市场激励型环境规制效果存在绿化度区域差异性，而公众参与型环境规制对工业绿色增长作用有限。杨仁发等（2019）研究表明，环境规制与工业绿色发展水平之间呈"U"形关系，东部地区环境规制提升工业绿色发展水平的效果显著，而中西部二者之间则出现了"U"形形态关系。命令—控制型与市场激励型环境规制能显著促进工业绿色发展，且命令—控制型环境规制的促进作用更强，公众参与型环境规制并不能有效提升工业绿色发展水平，这与申晨等（2018）的研究结论基本一致。因此，针对环境规制对工业产能利用率影响的研究需要详细地区分环境规制工具异质性及地区差异性，才能根据地区差异性与行业异质性探索出合适的环境规制工具。

具体来看，命令—控制型环境规制通过法律法规、规章制度及行政处罚的方式，强化地方政府建设项目环境评价标准、行业标准及环境规制强制执行力度，来引导地方政府招商引资偏好，强化工业建设项目环境标准底线，倒逼高能耗、高污染的落后产能退出市场，形成环境规制硬约束，引导"逐顶竞争"的趋势（薄文广等，2018）。而韩国高（2018）研究发现，目前环境规制更多地通过淘汰不符合环境标准的产能来提高产能利用率，而通过环境规制促进技术创新、创造市场新需求来促进产能利用率的提高作用有限。加大环境督察与反腐力度，减少环境保护领域规制俘获的可能性，引导政企合谋转向政企合作，倒逼工业企业投资结构调整与技术创新水平提升，直接或间接地提高工业产能利用率（史志颖，2019；王健忠，2017）。而依靠强制性制度限制投资也在一定程度上有助于引导生产要素流向，缓解了产能过剩行业的过度投资。谢贤君等（2020）测度结果表明，我国绿色发展水平呈上升趋势；而通过双重差分实证评估"负面清单制度"对绿色发展水平的影响，结果表明市场准入规范化以清单方式明确列出限制投资经营的行业、领域及业务，通过企业创新、要素生产率等机制推动生产要素从生产率较低部门流向生产率较高部门，有效促进经济绿色增长水平的提高。命令—控制型环境规制也通过反腐败来降低政企合谋的可能性，营造良好的政商关系，纠正被扭曲的企业家行为，强化环境规制硬约束。并且，命令—控制型环境规制通过对"三高"工业企业采用"关、停、转"等方式，直接干预企业生产经营行为来应对工业过剩产能的存量问题，起到"立竿见影"的去产能效果。然而，这种方式无法将命令—控制型环境规制与企业生产经营活动相协调，难以促进工业绿色可持续发展。

市场激励型环境规制则通过促进企业绿色投资和绿色技术创新，促进产业结构转型和区域绿色发展，从而减少工业过剩产能进一步扩张。在宏观层面，环境税和资源税的征收，通过减少企业投资和抑制消费负向影响宏观经济，降低污染物排放，推动经济绿色发展（曾先峰等，2019）。在生产端，市场激励型环境规制则通过将环境成本内部化，降低企业生产规模，引导企业向绿色环保技术与环保产业投资，促进工业产业结构优化升级，培育新兴产业，从而在整体上实现产业结构转型。同时，在需求端，通过征收环境税提高过剩产能中间产品价格，降低上游产业工业产品需求，提高绿色产品市场竞争力，减少落后产能的新开工规模，引导工业绿色转型，提高工业产能利用率（杨振兵等，2015）。在微观企业层面，已有实证研究表明，市场激励型环境规制对企业绿色技术创新水平的提升具有正向促进作用。毕茜等（2016）借助我国重污染行业上市公司 2008～2013 年数据，分别采用面板固定效应模型和分位数面板模型，实证分析了环境税对工业企业绿色投资的边际效应，结果表明环境税对工业企业绿色投资起到了正向影响，且环境税具有绿色投资分位异质性特征。于连超等（2019）研究发现，环境税显著地促进了上市公司绿色技术创新能力，且带有显著的滞后特征。胡珺等（2020）采用准自然实验方法实证论证了2013年开始的碳排放交易制度对企业创新的影响，实证结果表明碳排放权交易机制的实施显著推动了企业的技术创新，且当碳市场的流动性程度越高，该市场激励型环境规制对企业技术创新的推动作用更加明显。刘明慧等（2020）基于2006～2016年省际面板数据，采用动态门槛面板模型的实证研究表明，消费税对绿色投资的影响受到城镇化水平、产业结构、政府规制等不同外部因素的影响，并且存在显著的经济增长双重门槛效应。随着经济增长水平的提高，消费税对绿色投资的影响逐渐增强，且影响系数发生变化，由不显著的负向影响转变成为显著的正向影响，具有明显的门槛效应特征。由此可知，只有在经济增长水平较高时，消费税才能更好体现对绿色投资的促进效应。

非正式环境规制对工业产业落后产能的作用主要通过环境信访（来信、来访）、人大提案与政协提案等公众参与手段，来影响正式环境规制强度和行为（肖汉雄，2019），从而间接地影响企业生产经营活动、产业结构和产能利用率。公众可以通过组成维权组织，采取联合抵制和抗议活动等的方式，抵制企业环境负外部性的生产经营行为。然而，抵制活动带来的企业自我监管通常是非常滞后的（Egorov et al.，2015）。尽管公众参与在一定程度上起到了减少环境污染和改善环境质量的作用（余亮，2019；王怀明和王辉，2018；张艳纯和陈安琪，2018），但是公众参与对工业产业结构调整和工业产业绿色转型的影响并不明显（张江雪等，2015；孙玉阳等，2019），尚未起到提升产能利用率的作用。

为进一步巩固环境污染减排成果，改善环境质量，减少因体制缺陷对环境治理带来的不利影响，中央环保督察和环保约谈制度悄然而至，旨在提高地方政府环境污染治理效率，减少地方政府环境规制执行失灵的可能性，借助环境规制工具组合致力于促进工业绿色发展。中央政府环保督察及时由"督企"转向"督政"，对环境质量改善具有显著的促进作用。王玲等（2019）、刘张立等（2019）采用双重差分等计量经济研究方法，对中央环保督察是否有助于减少 SO_2、PM_{10}、$PM_{2.5}$ 等典型空气污染物进行实证分析，结果显示中央环保督察显著地提升了重点督察城市或地区的空气质量。作为中央推动地方政府落实环境绩效目标的重要行政手段，环保约谈起到了强有力的监督地方政府环境规制执行力度的作用。对于环保约谈治理环境污染作用的研究，现有研究多采用双重差分（吴建祖和王蓉娟，2019）、准自然实验及断点回归（王惠娜，2019）等政策评估的实证研究方法，定量评估环保约谈空气污染治理的显著作用。针对中央环保督察的环境、经济与社会效应的实证研究表明，尽管环保督察在短期内降低了工业企业利润，但在长期来看，环保督察增加了健康福利，故而环保督察兼具环境效应和健康效应（涂正革等，2020）。由于目前环保督察与环保约谈实施时间较短，现有研究只是考虑了借助环保督察与环保约谈来提升地方政府环境规制的效率，从而研究二者对环境污染治理及环境质量改善的重要影响。但是，现有文献并未进一步深入分析环保督察和环保约谈等中央环境督察是否会对督察区内工业产业结构转型、企业绿色发展及工业产能利用率产生积极的影响。

随着环境规制趋严、环保绩效考核加强及环境规制体制的完善，探索环境规制治理落后产能，实现生态环境保护与产能过剩治理双赢，促进工业绿色转型，成为未来重点探索的领域。

2.3　环境规制作用于产能过剩的影响因素探究

环境规制作用于产能过剩的有效性不仅因异质性环境规制工具而存在差异，而且还受到地方政府分权、地方政府竞争及腐败等因素的影响。

2.3.1　财政分权的影响

尽管中国经济长期高速增长和基础设施的逐步完善得益于财政分权（林毅夫和刘志强，2000；张军，2008），但是理论和实证研究均表明，以经济分权同垂直政治管理体制结合为特点的中国式分权对环境规制在污染治理、技术创新、企业绿色全要素生产率及产业结构绿色化调整产生了消极影响（伍格致和游达明，2019；游达明等，2018）。在中国式分权模式下，由于信息不对称或中央政府监管成本高，一定程度上削弱地方政府环境规制对外商直接投资的"筛选"作用（朱平芳等，2011），为短期内经济高速增长创造条件，加剧环境规制失灵，导致低端产业的过度投资和重复建设（陈刚，2009），从而不利于借助环境规制工具提升产能利用率和引导工业绿色发展。伍格致等（2018）基于2005~2015年省际面板数据，采用空间杜宾模型针对财政分权在环境规制对技术引进的影响进行实证分析，研究结果发现财政分权对异质性环境规制工具对技术引进的总体效应、直接效应和空间溢出效应存在局部显著性。环境分权对外商直接投资的区位选择具有重要影响，从而影响区域工业产能。在环境分权影响外商直接投资过程中，环境分权可以通过降低环境规制强度来吸引外商直接投资；外商直接投资会逐渐流向环境分权水平较高地区（李国祥和张伟，2019）。李强（2017）基于制造业微观数据对环境分权与企业全要素生产率之间的关系进行实证分析，研究表明环境分权与制造业企业全要素生产率之间呈现明显的倒"U"形形态关系，当环境分权超过一定限制时，环境分权程度进一步提高将会导致企业全要素生产率的下降。而詹新宇等（2020）则另辟蹊径，以2000~2016年各省和地级市层面的数据为基础，采用GMM计量方法对财政分权和经济增长目标之间的关系进行实证研究，结果显示财政分权对实际经济增长的积极作用主要通过对经济增长目标效应来实现，也即财政收入分权的正向经济效应带有明显的政府主导性质。这种正向带动作用在省级层面更为突出，在西部地区更为明显，且东部地区主要体现为对计划外经济增长的带动作用。

2.3.2　地方政府竞争的影响

在中国式分权模式下，地方政府竞争对环境规制在环境污染治理、吸引外资质量及产业结构调整等方面具有重要影响。随着经济发展水平的提高，地方政府竞争对环境规制的作用存在差异，且与政绩考核指标体系的变化和财政分权程度的变化密切相关。张彩云等（2018）对地方政府竞争与环境规制之间的关系进行实证分析，实证结果表明地方政府竞争对环境规制的影响呈现"N"形形态关系，且受到财政分权和政绩考核指标体系的影响。实证结果表明，随着财政分权程度提高，地方政府竞争对环境规制的影响呈倒"U"形形态关系；经济增长速度越快，地方政府竞争对环境规制的负面影响越大。

在促进地方经济增长的政府行为中，地方政府竞相吸引外资发挥着重要的作用。金和威尔逊（Kim & Wilson，1997）探讨了一种"竞次"（race to the bottom）的可能性，政府间对流动资金的竞争会导致低效的环境标准。王艳丽等（2016）从地方政府竞争视角将环境政策制定过程中的"逐底竞争"行为内生化，发现在以经济增长为核心的政绩考核机制下，一些地方政府采用竞相降低环境标准的方式吸引高耗能产业投资促进经济增长。在招商引资过程中，环境规制被一些地方政府视为争夺流动性资源的博弈工具，导致地区间环境规制策略倾向于"非完全执行"（张华，2016）。一些地方政府依靠给予环境优惠政策、放松环境规制标准来吸引投资，助推了环境标准不达标的工业建设项目的密集投资，加剧了工业产业产能过剩。因此，为带动地方经济增长而展开的地方政府间的招商竞赛，迫使环境规制沦为招商竞赛的筹码，从而加剧了高污染、高能耗与高排放的工业产业的集聚。

2.3.3　规制俘获的影响

环境治理领域的规制俘获同样阻碍了环境规制抑制落后产能的效果。研究表明，腐败弱化了制度约束力度，扩大了"影子经济"的范围，导致环境准入不达标的项目频频上马，破坏了环境质量（And & Mitra，2000；Biswas & Farzanegan，2011）。地方政府对经济发展需求越强、污染排放越高，规制俘获越容易发生，环境考核激励作用越弱（周黎安，

2007；Candau & Dienesch，2016；雷平，2017；谢乔昕，2018）。规制俘获间接地增加迁移到"污染避难所"中的污染企业的数目，弱化了环境规制对研发创新的正向作用。

除了腐败所致环境规制失灵之外，政企之间也存在为经济增长（聂辉华和李金波，2007）和政治晋升而"合谋"、主动放松环境规制的情形。王彦皓（2017）实证研究了在政企合谋存在的情形下，环境规制对提升企业全要素生产率的边际作用锐减。朱希伟等（2017）以中小型民营煤炭企业为例，研究表明政企合谋不仅导致落后且该淘汰的小型民营煤炭企业继续存在，而且造成有能力投资清洁生产技术的企业的行为扭曲——转交"保护费"并主动选择落后的生产方式，加剧了落后产能的形成。刘帅等（2020）则考虑强化环境规制的影响因素，从环境规制与反腐败交互作用视角出发，论证二者交互作用对环境污染治理的重要影响，实证研究结论表明高强度、持续反腐对提高环境规制强度、强化中央环保督察、发挥其在促进绿色技术创新，以及推动产业结构转型和改善环境质量方面具有积极的作用。在考虑企业、中央政府与地方政府之间的博弈关系后，刘朝等（2017）对第三方监管、对直接提高环境规制效率及通过减少政企合谋可能性来间接地提高环境规制效率重要作用进行实证分析，该研究也进一步佐证了政企合谋对环境规制所产生的消极影响。

2.4　环境规制作用于产能过剩的研究方法

在研究方法方面，现有研究以产能利用率作为产能过剩的代理指标，以行业面板数据和区域面板数据为基础，采用面板固定效应、极大似然法、中介效应、门槛效应及空间计量等计量方法，从不同层面分析论证环境规制对产能过剩的影响（刘建勇，2018；杜威剑，2019；韩国高，2018；邵帅，2019；徐志伟，2018）。

然而，在深入研究环境规制作用于产能过剩机制时，上述研究方法均存在一定的局限性。尽管刘建勇等（2018）采用中介效应模型对技术创新在环境规制与产能过剩之间的中介作用进行实证分析，但是并未考虑产业结构及其他因素的调节效应。韩国高（2018）采用门槛效应模型实证研究环境规制和技术创新对产能利用率的影响，结果显示随着环境规制强度增大，环境规制对产能利用率影响由不显著逐渐转变成为显著，由促进作用转变成抑制作用。随着技术创新水平的提高，技术创新强化了环境规制对产能利用率的提升作用。然而，门槛效应只是考虑自变量（环境规制和技术创新）不同程度对产能利用率的影响，并未分析环境规制对不同程度的产能过剩影响的差异性。邵帅等（2019）采用空间计量方法，实证分析环境规制对地区产能利用率影响的空间特征。然而，空间计量实证结果严重依赖空间权重矩阵的设定，降低实证结果稳健性，导致结论可信度较差。环境规制作用于产能过剩的研究方法详如表 2 - 1 所示。

表 2 - 1　　　　　　　　环境规制作用于产能过剩的研究方法

作者	年份	方法	不足
刘建勇	2018	中介效应	未考虑其他因素的调节效应
韩国高	2018	门槛效应	未考虑因变量的差异性
邵帅等	2019	空间计量	严重依赖空间矩阵的设定
杜威剑	2019	固定效应	未考虑动态变化和异质性

资料来源：笔者根据相关文献资料整理。

2.5　文献述评

目前，现有文献仅针对产能过剩问题成因、测度及治理等问题的研究已比较充分，对工业产能过剩治理及未来工业产业高质量可持续发展具有一定的借鉴意义。然而，从环境规制视角研究产能过剩问题尚处于初步探索阶段，无法回答在环境资源硬约束情形下如何提高工业产能利用率和促进工业绿色发展。近年来，尽管出现了将环境规制与产能过剩问题结合起来展开研究的趋势，已有研究者对这一问题进行直接或间接的研究（耿强等，2012；韩国高，2017；张成，2015；成琼文，2018；吕屹云，2019），但是现有研究仍处于开始阶段，存在一定的拓展空间。

2.5.1　现有研究存在明显滞后性

现有文献对产能过剩治理的研究集中在产能过剩存在以后的治理，而非产能过剩产生前提高产能利用率水平，具有明显的滞后性。由于并未深入理解环境规制的内涵与外延的变化，现有研究狭隘地将环境规制理解为环境污染治理和淘汰落后产能的工具，忽视了环境规制对提高产能利用率、促进技术创新及推动工业产业结构转型升级的作用，更无法深入探索实现环境质量改善与产能过剩治理双赢的路径。

2.5.2　未系统地论证环境规制对产能过剩作用的机制

目前，现有文献多是从技术创新出发，研究技术创新在环境规制作用于产能过剩的中介作用。但是，这些研究并未形成一致结论，也并未清楚地回答环境规制是否对地区（或行业）产能利用率产生一定的影响、讨论异质性环境规制对产能利用率影响的差异性、环境规制如何影响产能利用率以及地区（或行业）的差异性，也未考察技术创新和产业结构的中介效应是否受到其他变量的调节。

2.5.3　与中国式分权体制结合不充分

目前，现有文献仅仅从环境规制角度本身出发，考虑环境规制对产能过剩的作用，并未考虑可能对环境规制有效性造成严重影响的现实因素。已有研究表明，在中国特色分权体制下，由于中央和地方政府之间信息不对称，环境规制的实际执行严重依赖地方政府行为。长期以来，以经济增长目标为考核依据，对地方政府环境规制偏好与环境规制实际执行强度有重要的影响（傅强等，2016）。然而，这类研究并未考虑经济增长目标、地方政府间竞争及反腐败等因素对环境规制的重要影响，更未进一步研究从经济增长竞争标尺转变为环境约束目标下的经济增长竞争标尺所产生的重要影响[①]。

2.5.4　计量模型中变量选择存在主观性

在构建回归方程时，计量模型中解释变量的选择是以相关理论为基础，并且参考前人研究中的解释变量构建计量回归方程。然而，这种变量选择方法也不可避免地带有较强的主观性，导致了回归方程估计效率损失。

2.6　未来研究可拓展空间

考虑现有文献存在的不足，在未来研究中，本书认为可以从以下五个方面进行拓展。第一，针对环境规制作用机制检验不充分的问题，本书认为在未来研究中，可以更加系统地研究环境规制对产能过剩的作用机制，论证环境规制通过技术创新、产业结构调整及对外直接投资等作用于产能利用率，拓展环境规制作用于产能利用率的机制，并进一步考察作用机制的调节效应。第二，基于上述实证研究方法的不足，本书认为在未来研究中，可以采用中介调节效应模型、分位数面板回归模型及门槛效应模型，验证环境规制是否对工业产能过剩具有一定的影响、环境规制工具有效性的差异，以及验证环境规制作用于工业产能过剩的机

---

① "十一五"规划纲要第一次将发展目标分为预期性指标和约束性指标，以及中组部将约束性指标纳入地方政府考核指标体系中。详见中华人民共和国中央人民政府官网，http://www.gov.cn/zwhd/2006 – 10/13/content_411952.htm。

制和中介调节效应。第三，本书认为可以结合分税制改革以后中国特色的分权体制，考虑经济增长目标、地方政府竞争及反腐败等重要因素与环境规制的交互作用对产能利用率的影响。第四，考虑环境规制绩效考核产生的影响，以环境绩效考核为时间节点，实证分析环境绩效考核前后，环境规制对化解产能过剩的作用是否存在变化。第五，考虑回归方程变量选择主观问题，在未来的实证研究中，本书认为可以借助套索法和随机森林法等机器学习方法，进行变量筛选，提高估计结果稳健性，降低因变量选择主观性导致的估计效率偏差。刘岩和谢天（2019）在实证研究中发现，机器学习方法中套索法与随机森林法均能在小样本条件下对经济增长决定因素进行有效排序，具有可以灵活捕捉数据的非线性特征，让模型不确定性问题化繁为简及所得结论清晰稳健等优势，对于补充传统计量方法的不足具有一定的潜力。因此，在构建回归方程之前，借助套索法和随机森林法等先进的机器学习研究方法，进行变量重要性排序，筛选出相对重要的变量，减少回归方程估计效率损失。与此同时，以上五方面研究拓展空间也正是本研究即将重点关注并努力寻求突破的研究问题。

第 **3** 章

理论基础与研究假说

3.1 理论基础

3.1.1 公共物品理论

1954 年萨缪尔森（Samuelson）在《公共支出的纯理论》（The Pure Theory of Public Expenditure）一文中指出，"公共物品是这样一种物品，即每个人对这种物品的消费都不会减少其他人对该物品消费的减少"，如国防、灯塔、路灯、无线电广播和环境等。与私人物品相比，公共物品具有消费非竞争性和受益非排他性，也即当某种公共物品被提供时，某一厂商或消费者使用公共物品时，并不能够将其他厂商或消费者排除在外，其他厂商或消费者也受益。随着布坎南（Buchanan）、奥斯特罗姆（Ostrom）及巴泽尔（Barzel）等学者对公共物品问题研究的深入，公共物品理论得到进一步发展。在公共物品概念基础上，布坎南和巴泽尔分别提出了"俱乐部物品"和"准公共物品"的概念，即纯公共物品和纯私人物品的混合。因此，广义的公共物品包括俱乐部物品或自然垄断物品、公共池塘资源或共有资源以及狭义的公共物品（沈满洪和谢慧明，2009）。

环境公共物品非竞争性和非排他性导致以利益最大化为目标导向的生产厂商缺少激励自发地建立和维护公共秩序及增加环境资源保护投入，忽视了环境资源成本。同时，产能过剩的存在又进一步加剧了环境污染。公共物品理论为从环境规制视角分析产能过剩成因和探索产能过剩治理措施提供理论支撑。

3.1.2　外部性理论

外部性概念是由新古典经济学派代表人物马歇尔（Marshall）于1890年在其著作《经济学原理》中提出的。外部性指的是外部因素对企业生产规模扩大的影响，也被称作外部效应或外部经济。在此基础上，庇古（Pigou）和科斯（Coase）对该理论进行补充和完善，形成了外部性理论。1912年，庇古发表了《财富与福利》，提出"经济主体（生产者和消费者）的生产与消费行为对未发生交易的经济主体（生产者和消费者）的生产和消费行为带来的非市场化的正面或负面的影响"。庇古对外部性的概念进一步补充，提出了"外部不经济"；庇古进一步采用现代经济学的方法从福利经济学视角系统阐述了外部性问题，将研究对象从外部环境因素对企业的影响扩展到经济主体的生产行为和消费行为对其他经济体的生产与消费行为的影响。由于外部性的存在，市场机制不能反映社会成本，无法实现资源的最优配置。庇古将外部性的产生归因于生产的边际私人成本与边际社会成本的差异。因此，庇古提出对边际私人成本（收益）小于边际社会成本（收益）的私人进行征税（补贴）的思想，来实现外部性的内部化。与之相对，在对解决外部性问题途径的探索中，科斯提出了不同的思路。科斯在《社会成本问题》中提出了外部性问题缘于损害方和受损方之间相互影响，外部性问题在于如何在损害方和受害方之间进行价值分配。因此，科斯提出在政府明确初始产权、交易费用为零的条件下，采用自愿协议等市场交易方式也可以解决外部性。

产能过剩不仅降低资源环境利用效率，而且进一步加剧环境污染。

以利益最大化为目标导向的厂商，不计环境成本地过度投资，更缺少针对环境污染对社会公众造成的负外部性给予补贴的积极性，造成了私人收益和社会收益之间的差距。因此，由外部性理论可知，政府需要制定有效的环境经济政策，将环境成本纳入生产成本之中，减少厂商过度投资和产能过剩的可能性，以及环境污染负外部性对社会公众产生的负面影响，以实现社会资源在生产厂商和社会公众之间重新配置。在外部性理论基础上，本书分析环境规制对产能过剩的直接作用和间接作用，采用征收环境税等措施促使环境污染负外部性内部化，提高资源利用效率和产能利用率。

3.1.3　市场失灵理论

自 1954 年萨缪尔森的《公共支出的纯理论》一文发表以来，经济学者们拉开了研究市场失灵的序幕。西方经济学研究者认为，完全竞争市场是资源配置的最佳方式。然而，在现实中该强假设条件难以满足。由于外部性、公共物品、垄断、产权模糊及不完全信息等原因，仅仅依靠价格机制难以实现资源帕累托最优配置。当市场无法有效地配置资源时，出现市场失灵；市场失灵造成负外部性、公共产品供给不足及公共资源的过度使用等诸多问题。

由于环境资源产权难以确定，同时又具有公共物品属性及企业投资的机会主义，当厂商使用环境资源时，无法将其他生产厂商排除在外。仅依靠市场价格难以实现环境资源的有效配置，导致企业对环境资源的超负荷开发利用，造成严重的环境污染和过度投资，难以实现环境保护和经济发展双赢的目标。追求利益最大化的企业，并不主动加大环境治理技术投资，故而需要政府加强环境规制强度，制定有效的环境规制工具组合。本书在市场失灵理论基础上，分析环境规制强度和规制工具异质性对产能过剩作用有效性的差异，提出对提升地区和制造业行业产能利用率的环境政策。

3.1.4 环境规制理论

由于环境资源公共产品属性、污染负外部性及厂商有限理性，市场机制难以实现资源最优配置，需要政府制定有效环境政策，解决市场失灵问题。环境规制则是政府通过制定环境法律法规和经济政策等，引导厂商生产决策将外部性成本考虑进生产成本，解决环境污染的负外部性，提高资源配置效率，实现经济增长和环境质量改善协调。其中，环境规制工具分为命令控制型环境规制、市场激励型环境规制及公众参与型环境规制。环境规制产生经济影响涉及的理论主要包括遵循成本效应假说、波特假说、"污染天堂"假说及环境规制"竞次"假说等理论假说。

3.1.4.1 遵循成本效应假说

新古典经济学认为，随着环境规制强度的提高，企业因增加环境治理投入达到环境标准，增加企业生产成本，挤出企业研发创新投入，一定程度上降低企业竞争力，从而降低产业生产率。尽管遵循成本效应假说率先将环境要素成本纳入企业生产成本中，但是遵循成本效应假说只是从静态角度分析环境规制对企业生产行为和竞争力的影响，并未从动态考虑环境污染治理投入强度和用途。本书在分析环境规制与产能利用率之间的非线性关系时，短期内环境规制的遵循成本效应显著，增加了企业环境治理成本，一定程度上降低产能利用率。

3.1.4.2 波特假说（Porter hypothesis）

新古典经济学认为，环境规制将污染治理费用纳入企业生产成本中，提高了生产要素价格，增加企业生产成本，挤占企业创新投入，从而降低了企业竞争力，最终对企业发展和经济绩效产生不良影响，称为"遵循成本效应"。然而，"遵循成本效应"只是对环境规制与竞争力二者之间关系的静态分析，忽视了企业在实际生产经营过程中技术创新对生产效率的促进作用。波特（Porter，1991）、波特和林德（Porter & Linde，

1995）在批判"遵循成本假说"不足的基础上，从企业动态发展视角出发分析环境规制与企业国际竞争力之间的关系，从而提出波特假说。波特假说认为，短期来看，环境规制增加企业的生产成本，挤占企业创新投资，在一定程度上降低了企业竞争能力。然而，长期来看，严格且设计合理的环境规制能够起到激发企业创新能力的作用，促进企业改进生产工艺和提高资源利用效率（而非仅仅被动地采取末端治理的方式应对环境督察），从而在一定程度上提高产品质量，抵消环境规制增加成本带来的负面影响，最终实现企业国际竞争力提高。因此，环境规制应作为企业竞争力的来源，而非增加企业成本的负担，促进环境保护和经济发展之间的关系由"两难"转向"双赢"。波特假说为实现环境治理和经济发展双赢目标提供了重要的理论依据。本书基于波特假说，通过理论分析和实证检验环境规制对提高产能利用率的有效性，更进一步检验技术创新在环境规制作用于产能过剩之间的中介效应。

3.1.4.3　"污染天堂"假说（pollution heaven hypothesis，PHH）

"污染天堂"假说，也被称为"污染避难所"假说。该假说认为，随着收入水平提高，高收入国家或地区对改善环境质量的需求增加，并且可用于绿色投资的资源也将增加。因此，收入水平较高的发达国家或地区更加重视环境保护，而收入水平较低的发展中国家则倾向于以牺牲环境为代价换取经济增长来提高收入水平。在自由贸易条件下，为躲避国内日趋严格的环境规制，发达国家或地区污染密集型产业将会向发展中国家或落后地区转移，在环境规制标准低和规制强度低的发展中国家或地区重新选址，布局污染密集型工业产品加工生产，最终导致发展中国家或落后地区成为污染产品生产的聚集地。本书基于"污染天堂"假说分析环境规制对区域间产业结构调整和区域间产业结构转型的影响，进一步分析环境规制通过产业结构的中介效应作用于产能过剩。

3.1.4.4　环境规制"竞次"假说（race to bottom hypothesis）

环境规制"竞次"假说认为，严格的环境规制增加了污染密集型企业的生产成本，导致污染密集型产业在国际间转移。发达国家的污染密集型企业转移到环境规制标准较低的发展中国家重新选址；或者发达国家扩大污染密集型工业产品的进口，减少污染工业产品在本国的生产。为减少资本外流，发达国家竞相降低环境标准、放松环境规制强度。而对于承接国际产业转移的发展中国家，则采用放松环境规制强度、降低环境标准及削弱环境规制实际执行强度等手段，与其他承接国际产业转移、经济发展水平落后的国家或地区展开角逐，竞争外商直接投资。对外商直接投资的争夺，引发了环境规制"逐底"竞争，导致环境规制强度保持在较低水平，削弱环境规制治理环境污染的作用，导致环境库茨涅兹曲线趋于平缓且拐点保持在污染水平较高的位置。本书基于环境规制"竞次"理论假说，分析地方政府间为吸引外资竞争而竞相降低环境标准，导致环境规制提升产能利用率失灵。

3.1.5 技术创新理论

"创新理论"是由奥地利经济学家约瑟夫·熊彼特（Joseph A. Schumpeter）于1912年在其著作《经济发展理论》中提出的。该理论指出，"创新是生产要素的重新组合，是打破经济均衡状态、推动经济向前发展的根本力量"。熊彼特又于其著作《经济周期》和《资本主义、社会主义和民主》中对"创新理论"加以完善和补充，形成以创新理论为基础的创新经济学理论体系。此后，创新理论与新古典经济学、新制度经济学相融合，得到进一步丰富和发展，逐渐演变成为技术创新理论的新古典经济学派、新熊彼特学派、新制度学派及国家创新系统学派。本书以创新理论为基础，结合波特假说，理论分析环境规制对生产效率的提升作用，实证检验技术创新在环境规制与产能过剩之间的中介调节作用。

3.1.6 产业结构理论

产业结构理论揭示了产业间的相互关系及其对经济发展的影响。

17世纪中叶以来，威廉·配第、魁奈及亚当·斯密等经济学家开始考察劳动力资源在不同产业间的配置对经济发展的影响，成为产业结构理论的重要思想来源。20世纪30～40年代，产业结构理论得到较快发展，经济学家费雪、霍夫曼、克拉克等对产业结构及其演化对国民收入影响进行论证，提出产业结构划分、"雁行形态论"和配第—克拉克定理等理论，产业结构理论基本形成。第二次世界大战后，各国经济迅速恢复，面临着产业结构合理化和均衡化的发展问题，涌现出基于经济增长和发展经济学的产业机构理论。其中，罗斯托、刘易斯及筱原三代平提出的经济成长阶段理论和主导产业扩散论、二元结构论及两基准理论，进一步丰富和发展了产业结构理论。基于产业结构调整理论，本书理论分析产业结构的环境规制在提升产能利用率间的中介效应。结合省际面板数据和制造业产业数据，实证分析产业结构调整对产能过剩治理影响的地区差异性和时间差异性，更进一步分析制造业行业结构差异性的影响。

3.1.7　地方政府竞争理论

地方政府竞争理论又被称作辖区竞争理论，是由蒂伯特（Tiebout，1956）在《纯粹的地方支出理论》（The Pure Theory of Local Expenditure）一文中提出的。地方政府竞争是指各地区政府为实现辖区利益最大化，通过制定一定的公共政策来争夺公共资源的过程。蒂伯特认为，选民可以自由流动给辖区带来了硬约束；辖区政府为了吸引更多的居民，辖区政府必然会为抢夺更多的居民而展开提供公共服务的竞争。在后续的研究中，学者们将产业组织理论融入政府间行为中，借助博弈论、信息经济学及空间计量经济学，分析论证政府间财政或税收竞争行为是否存在（横向与纵向竞争）、竞争策略及其所产生的影响（黄纯纯和周业安，2011）。例如，在竞争"锦标赛"模式下，地方政府为促进地区经济增长，采取竞相增加辖区内基础设施建设投资、降低税收标准及降低环境标准等手段，争夺外商直接投资。然而，地方政府竞争一方面降低环境规制效率而产生消极影响，另一方面有助于增加环境技术创新投入而产生积极作用。随着地方政府竞争标尺的转变，地方政府竞争对环境规制作用于产能过剩的影响难以判定。基于地方政府竞争理论，本研究通过理论分析及实证检验经济增长目标和地方政府竞争与环境规制的交互效应对产能利用率的积极或消极影响。

3.2 环境规制对产能过剩作用的机制机理及理论模型

在中国式分权模式下，中央政府在制定经济增长目标和地方官员绩效考核标尺，以及监督地方政府环境治理等方面发挥着重要作用。然而，由于央地间信息不对称，作为代理人的地方政府与作为委托人的中央政府在经济增长和环境治理目标存在差异，而且委托人难以保障代理人行为是否符合代理人的利益。作为环境规制实际执行者，兼具促进经济增长和环境治理双重身份的地方政府对环境规制具有自主量裁权，在一定程度上决定环境规制标准、偏好与实际执行强度。换言之，环境规制供给和实际执行在很大程度上取决于地方政府对经济增长和环境治理二者的权衡。在考虑环境规制对产能过剩作用的机制时，需要将环境规制通过影响企业绿色投资行为、引导技术创新和产业结构绿色调整，进而作用于产能利用率逻辑脉络置于中央政府与地方政府间关系框架中来讨论（见图3-1）。本节尝试研究环境规制是否通过作用于技术创新和产业结构来影响产能利用率。在此基础上，探讨地方政府竞争和经济增长目标对环境规制作用于产能过剩的交互影响。

3.2.1 技术创新视角下环境规制对产能过剩作用的机制

新古典经济学在探讨环境规制与企业竞争力的关系时，从静态分析视角出发，提出"遵循成本效应"假说，即环境规制强度增强，提高企业生产成本，从而降低企业竞争力。然而，波特批判了新古典经济学对

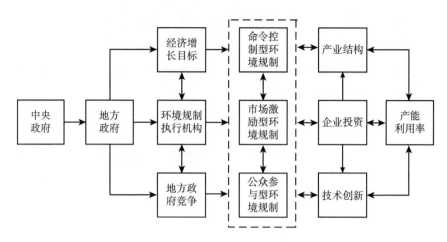

图 3-1　环境规制对产能过剩作用的机制机理

资料来源：笔者自行绘制。

环境规制与企业竞争力之间关系的静态分析，并从动态视角出发提出"创新补偿"假说。该假说认为，尽管环境规制强度增加在一定程度上增加了企业生产成本，但设计合理且严格的环境规制可以起到促进企业创新的作用，产生"创新补偿效应"，提高企业竞争力，抵消环境规制的"遵循成本效应"。理论分析与实证研究均表明波特假说在我国的存在，显现出环境规制对推动绿色技术创新的重要作用。此外，波特效应显现与否不但与环境规制强度有关，而且依赖于环境规制工具的选择（杜龙政等，2019；李瑞琴，2019；张娟等，2019；郭进，2019）。

在环境规制对经济社会影响的研究中，出现了从环境规制视角研究产能过剩治理的趋势。从存量角度分析，环境规制强化工业行业的环境门槛，增加工业行业平均生产成本，降低工业行业盈利水平，压缩落后过剩产能的规模，助推过剩产能区域间转移，有助于加速淘汰过剩产能。就流量视角而言，环境规制不仅直接作用于产能过剩，而且通过技术创新中介效应间接地作用于产能过剩。环境规制通过激励工业企业致力于技术创新，促进工业企业生产工艺改善，提高工业生产效率，不仅有助于降低生产成本，而且促进产品竞争力提升，进一步扩大市场份额，推动产能过剩化解。不仅如此，环境规制也形成了明显的政策信号，在一定程度上引导工业企业绿色投资，加速产业结构调整。同时，环境规制的政策信号也进一步激励绿色技术创新，不仅巩固环境门槛和绿色产品市场竞争力，而且对产业结构调整具有调节作用。

技术创新视角下环境规制作用于产能过剩的机制如图3-2所示。

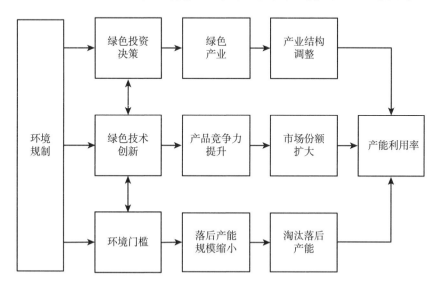

图3-2　技术创新视角下环境规制作用于产能过剩的机制
资料来源：笔者自行绘制。

3.2.2　产业结构视角下环境规制对产能过剩作用的机制

环境规制不仅通过技术创新中介效应作用于产能过剩，还通过产业结构中介效应作用于产能过剩。研究表明，环境规制对产业结构调整具有显著的倒逼和引导作用（原毅军和谢荣辉，2014），并且环境规制强度与产业结构调整和产业升级之间呈现"U"形形态关系。只有环境规制强度超过门槛值，环境规制才可以促进产业结构合理调整。环境规制不仅直接推动产业结构调整，而且通过国际产业转移间接地推动产业结构调整（郑加梅，2018）。环境规制也在一定程度上起到促进产业升级的作用，但这种促进作用具有明显的规制强度门槛效应，且依赖于产业所拥有的技术创新水平（谢婷婷和郭艳芳，2016）。只有产业技术创新水平处于较高水平时，环境规制强度越高，创新补偿效应显著地大于成本效应，才有助于促进产业升级（时乐乐和赵军，2018），进而促进产能过剩治理。

环境规制提高工业环境门槛，增加工业企业生产成本，降低工业企业利润，加速落后产能退出市场，有助于治理落后过剩产能。同时，环境规制形成重要的市场信号，激励工业企业投资绿色产业，引导产业结构调整与优化升级，从而间接地作用于产能过剩。值得注意的是，绿色技术投资在产业结构与升级中起到重要的调节作用。当绿色技术创新处于较高水平时，环境规制强度越高，越有助于促进产业结构转型升级；创新补偿效应越明显，越有助于提高产能利用率。

产业结构视角下环境规制作用于产能过剩的机制如图 3 - 3 所示。

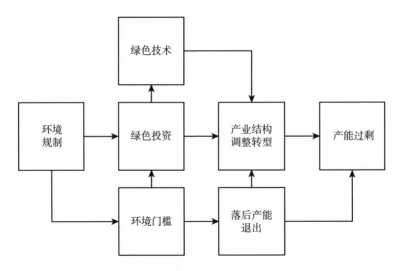

图 3 - 3　产业结构视角下环境规制作用于产能过剩的机制
资料来源：笔者自行绘制。

3.2.3　地方政府行为对环境规制作用于产能过剩的影响

在以强烈投资冲动为主要特征的地方政府主导的市场经济中（何晓星，2005），地方政府对长期经济高速增长起到关键作用。尽管地方政府始终强调加强环境治理投资，但是地方政府之间围绕经济增长展开的激烈竞争必然导致短期内与经济增长相冲突的环境规制供给不足（沈坤荣和金刚，2018）。作为环境规制实际执行者，地方政府行为势必对环境规制实际执行具有重要影响。

在中国式分权模式下，地方政府在地方经济发展过程中具有重要作用，实际上形成了地方政府主导的市场经济。在地方政府间的实际竞争中，一些地方政府官员扩大基础设施投资、税收优惠、降低环境门槛及增加研发投入等措施吸引外商直接投资，促进辖区内经济发展和产业转型升级。

由于央地间信息不对称，地方政府发展目标受到地方官员特征和任职周期等影响，呈现不可持续性特征。部分地方政府过度追求短期内的经济增长速度绩效，倾向于投资落后产业，忽视对辖区产业结构转型升级和技术创新投入，抑制环境规制去产能的效果。在技术条件一定条件下，当以实现经济增长与环境保护双赢时，一些地方政府倾向于选择短期内可以实现经济增长目标，而非倾向于环境友好型和尚处于导入期的绿色产业，抑制环境规制对绿色产业投资和绿色技术创新。

在地方环境规制机构独立性缺失条件下，环境规制机构难以对地方政府形成硬约束。由于受到经济增长目标和地方政府竞争的影响，环境规制难以起到平衡经济增长速度的作用，甚至沦为地方政府间恶意竞争和争夺流动性资源的工具，出现环境规制不完全执行等现象，不利于地区产业结构调整和产业升级、技术创新投入提高及引导资本流向环境友好型产业，难以倒逼落后产能退出市场，不利于治理产能过剩。

3.2.4　环境规制对产能过剩作用机制的理论模型

本书借鉴科普兰和泰勒（Copeland and Taylor，1994）的研究，参考申晨等（2018）和邓慧慧等（2019）所构建的一个两部门生产模型，将环境规制纳入生产函数之中，考察环境规制对不同类型产品产量及其结构变化的影响，推演得出以技术创新和产业结构调整对产能过剩作用的基本框架。

假设一国有 A 和 B 两个生产部门，生产产品 a 和 b。其中，a 为清洁产品，b 为非清洁产品，生产过程中产生非期望产出 z 单位的污染物，且与其产量存在固定比例关系。产品 a 的价格为 1，产品 b 的价格为 p。产品 a 和 b 在生产过程中均投入资本（K）和劳动力（L）两种生产要素，两种要素价格分别为 r 和 w，国内要素禀赋为 $\bar{K}$ 和 $\bar{L}$，则两种产品的柯布—道格拉斯生产函数为：

$$F_a(K_a, L_a) = K_a^{\alpha} L_a^{1-\alpha} \qquad (3-1)$$

$$F_b(K_b, L_b) = K_b^{\gamma} L_b^{1-\gamma} \qquad (3-2)$$

其中，F 表示产品 a 和 b 的 "潜在产出"，满足规模报酬不变、要素投入单调递增和严格凹函数以及稻田条件。

在政府部门未实施环境规制时，非期望产出与产品 b 产量比例固定。如需减少非期望产出，需要将固定比例（θ）引入方程（3-2）中，则产品 b 的生产函数为：

$$b(K_b, L_b) = F\left[(1-\theta)K_b, (1-\theta)L_b\right] = (1-\theta)K_b^{\gamma} L_b^{1-\gamma} \qquad (3-3)$$

$$z = \varphi(\theta)K_b^{\gamma} L_b^{1-\gamma} \qquad (3-4)$$

其中，$\theta \in (0,1)$，$\varphi(\theta)$ 为环境规制的影响，且 $\frac{\partial \varphi}{\partial \theta} < 0$，$\varphi(0) = 1$，$\varphi(1) = 0$。

为方便起见，令 $\varphi(\theta) = (1-\theta)^{1/\sigma}$，$\sigma \in (0,1)$，则式（3-3）和式（3-4）转化成：

$$\begin{cases} z = (1-\theta)^{\sigma} K_b^{\gamma} L_b^{1-\gamma} \\ b(K_b, L_b) = z^{\sigma}\left[K_b^{\delta} L_b^{1-\delta}\right]^{1-\sigma} \end{cases} \qquad (3-5)$$

实现清洁产品 a 成本最小化的条件为：

$$\begin{cases} \min TC^a(r,w) = rK_a + wL_a \\ \text{s. t. } F_a(K_a, L_a) = K_a^{\alpha} L_a^{1-\alpha} \end{cases} \qquad (3-6)$$

清洁产品 a 成本最小化条件，构建拉格朗日方程得到产品 a 的总成本函数和边际成本函数分别为：

$$\begin{cases} TC^a(r,w) = \left(\dfrac{\alpha w}{1-\alpha}w\right)\left(\dfrac{(1-\alpha)r}{\alpha w}\right)^{\alpha} F_a(K_a, L_a) \\ MC^a(r,w) = \dfrac{(1-\alpha)^{(\alpha-1)}}{\alpha^{\alpha}}r^{\alpha}\,w^{1-\alpha} \end{cases} \qquad (3-7)$$

与之相对，在未进行环境规制时，产品 b 的总成本函数和边际成本函数分别为：

$$TC^b(r,w) = \left(\frac{\gamma w}{1-\gamma}w\right)\left(\frac{(1-\gamma)r}{\gamma w}\right)^{\gamma} F_b(K_b, L_b) \qquad (3-8)$$

$$MC^b(r,w) = \frac{(1-\gamma)^{(\gamma-1)}}{\gamma^{\gamma}} r^{\gamma} w^{1-\gamma} \qquad (3-9)$$

假设政府部门对每单位的污染物征收 τ 单位的排污费，通过构建拉格朗日方程得到一阶条件，得到 B 生产部门单位产出的污染物排放为：

$$\begin{cases} \dfrac{\sigma}{1-\sigma}\dfrac{b}{z} = \dfrac{\tau}{MC^b} \\ pb = MC^b b + \tau z \end{cases} \Rightarrow \quad \lambda = \frac{z}{b} = \frac{\sigma p}{\tau} \qquad (3-10)$$

生产部门 A 和 B 利润函数分别为：

$$\begin{cases} \pi^a = p - rK_a - wL_a \\ \pi^b = pb - rK_b - wL_b - \tau z \end{cases} \qquad (3-11)$$

若将排污费纳入产品定价中，则：

$$\pi^b = p(1-\sigma)(1-\theta)F_b(K_b, L_b) - rK_b - wL_b \qquad (3-12)$$

令 $p^{F_b} = p(1-\sigma)(1-\theta)$，在完全竞争市场上，企业实现利润最大化的条件为：

$$\begin{cases} MC^a(r,w) = 1 \\ MC^{F_b}(r,w) = p^{F_b} \end{cases} \qquad (3-13)$$

从而可得生产要素价格分别为：

$$\begin{cases} r = \left[\dfrac{(1-\alpha)^{\alpha-1}}{\alpha^{\alpha}}\right]^{\frac{\gamma-1}{\alpha-\gamma}}\left[\dfrac{(1-\gamma)^{\gamma-1}}{\gamma^{\gamma}}\right]^{\frac{1-\alpha}{\alpha-\gamma}}(p^{F_b})^{\frac{1-\gamma}{\alpha-\gamma}} \\ w = \left[\dfrac{(1-\alpha)^{\alpha-1}}{\alpha^{\alpha}}\right]^{\frac{-\gamma}{\gamma-\alpha}}\left[\dfrac{(1-\gamma)^{\gamma-1}}{\gamma^{\gamma}}\right]^{\frac{\alpha}{\gamma-\alpha}}(p^{F_b})^{\frac{\gamma}{\gamma-\alpha}} \end{cases} \qquad (3-14)$$

由 Shepherd 引理可得 A 和 B 两个生产部门单位产出对两种生产要素的

需求，进一步推导出该国要素禀赋为：

$$\begin{cases} \bar{K} = K_a F_a + K_b F_B \\ \bar{L} = L_a F_a + L_b F_b \end{cases} \quad (3-15)$$

A 部门和 B 部门均衡产出：

$$\begin{cases} a(p^{F_b}, \bar{K}, \bar{L}) = \dfrac{\alpha \left[\dfrac{(1-\alpha)^{\alpha-1}}{\alpha^\alpha}\right]^{\frac{-\gamma}{\gamma-\alpha}} \left[\dfrac{(1-\gamma)^{\gamma-1}}{\gamma^\gamma}\right]^{\frac{\alpha}{\gamma-\alpha}} (p^{F_b})^{\frac{\gamma}{\gamma-\alpha}} \bar{L} - (1-\alpha)\left[\dfrac{(1-\alpha)^{\alpha-1}}{\alpha^\alpha}\right]^{\frac{\gamma-1}{\alpha-\gamma}}\left[\dfrac{(1-\gamma)^{\gamma-1}}{\gamma^\gamma}\right]^{\frac{1-\alpha}{\alpha-\gamma}}(p^{F_b})^{\frac{1-\alpha}{\alpha-\gamma}}\bar{K}}{\alpha-\gamma} \\[3em] b(p^{F_b}, \bar{K}, \bar{L}) = \dfrac{(1-\gamma)\left[\dfrac{(1-\alpha)^{\alpha-1}}{\alpha^\alpha}\right]^{\frac{\gamma-1}{\alpha-\gamma}}\left[\dfrac{(1-\gamma)^{\gamma-1}}{\gamma^\gamma}\right]^{\frac{1-\alpha}{\alpha-\gamma}}(p^{F_b})^{\frac{1-\alpha}{\alpha-\gamma}}\bar{K} - \gamma\left[\dfrac{(1-\alpha)^{\alpha-1}}{\alpha^\alpha}\right]^{\frac{-\gamma}{\gamma-\alpha}}\left[\dfrac{(1-\gamma)^{\gamma-1}}{\gamma^\gamma}\right]^{\frac{\alpha}{\gamma-\alpha}}(p^{F_b})^{\frac{\gamma}{\gamma-\alpha}}}{p(1-\sigma)(\alpha-\gamma)} \end{cases}$$

$$(3-16)$$

设 $S = \left(\dfrac{(1-\alpha)^{\alpha-1}}{\alpha^\alpha}\right)^{\frac{-\gamma}{\gamma-\alpha}}\left(\dfrac{(1-\gamma)^{\gamma-1}}{\gamma^\gamma}\right)^{\frac{\alpha}{\gamma-\alpha}}$、$Q = \left(\dfrac{(1-\alpha)^{\alpha-1}}{\alpha^\alpha}\right)^{\frac{\gamma-1}{\alpha-\gamma}}$ $\left(\dfrac{(1-\gamma)^{\gamma-1}}{\gamma^\gamma}\right)^{\frac{1-\alpha}{\alpha-\gamma}}$ 将式（3-16）对环境规制 τ 求导，可知环境规制对产品 a 和 b 产出影响：

$$\begin{cases} \dfrac{\partial a(p^{F_b}, \bar{K}, \bar{L})}{\partial \tau} = \dfrac{\partial a(p^{F_b}, \bar{K}, \bar{L})}{\partial p^{F_b}}\dfrac{\partial p^{F_b}}{\partial \tau} > 0 \\[1.5em] \dfrac{\partial b(p^{F_b}, \bar{K}, \bar{L})}{\partial \tau} = \dfrac{\partial a(p^{F_b}, \bar{K}, \bar{L})}{\partial p^{F_b}}\dfrac{\partial p^{F_b}}{\partial \tau} < 0 \end{cases} \quad (3-17)$$

因此，随着环境规制 τ 强度增大，清洁产品 a 产量会提高，而非清洁产品 b 产量会降低，引导生产要素流向绿色工业，从而促进地区产业结构调整。

生产效率表现为产出与投入之间的比重，就该国而言，生产效率可改写为：

$$Tech = \dfrac{\sum \phi_i Y_i}{\sum \eta_i X_i} \Rightarrow Tech = \dfrac{a(p^{F_b}, \bar{K}, \bar{L}) + b(p^{F_b}, \bar{K}, \bar{L})}{\eta_1 \bar{K} + \eta_2 \bar{L}} \quad (3-18)$$

由此可知，环境规制对产能产出的作用主要体现在结构效应和技术创新效应两方面。结构效应体现在厂商生产清洁产品和污染产品的比重的变化。随着环境规制强度增强，激励企业投资决策倾向于清洁生产产业，清洁产品产量逐渐增多，而非清洁产品产量降低，从而引导产业结构向清洁绿色产业转型，促进产能过剩化解。技术创新效应体现在随着生产销量的提高，生产单位产品非期望产出减少，即生产效率的提升降低单位产品的资源环境投入或单位产品中的非期望产出的比重。而随着环保技术创新水平的提高，激励企业投资转向绿色产业，一定程度上助推产业结构绿色调整。

3.3　研究假说

理论分析和实证研究都表明，环境规制对过剩产能产生直接和间接的影响。短期内，环境规制对过剩产能的直接影响显著。在技术创新水平不变的情况下，环境规制通过提高工业产业环境门槛，一定程度上缩小工业投资规模。环境规制一定程度上纠正了环境要素价格扭曲，增加工业企业边际生产成本，挤占用于企业生产工艺和技术创新的投资，进一步降低企业自主创新的动力，造成技术效率低下，在一定程度上降低了产能利用率。长期而言，环境规制间接影响显著。随着环境规制强度的提升，激励工业企业增加生产工艺改进和技术创新投入，致力于提高企业自身技术创新水平。环境规制的创新补偿效应显现，逐渐抵消遵循成本效应对产能利用率的负面影响，一定程度上起到促进工业产能利用率提高的作用。此外，由于环境规制强度增加，提高区域内工业企业环境门槛，加速工业企业向环境规制强度低且环境要素丰富地区转移，促进发达地区技术空间溢出和产业升级，进一步加强区域间产能合作，从而有助于提升产能利用率。

由于区域间经济发展水平、技术创新能力和工业基础差异，环境规制对产能利用率提升作用也存在区域差异。相对于中西部地区，东部地区经济发展水平和技术创新能力较高，工业基础较好。在环境规制强度增大的情形下，环境规制倒逼东部地区企业绿色创新，促进区域产业结构转型的经济和社会成本较小，故而环境规制对产能利用率的提升作用比较明显。而中西部地区，由于其自身经济发展水平相对较低，在技术创新能力不足及工业基础相对薄弱条件下，随着环境规制强度加大，中西部地区环境规制遵循成本效应比较明显，短期内难以实现技术创新水平提高和产业高级化发展，无法实现工业产业绿色发展。东部地区的技术溢出和产业转移，一定程度上推动中西部技术创新能力提升和产业转型。然而，在经济增长和环境保护难以双赢的情形下，中西部地区优先承接显著促进经济增长的产业，进而扭曲环境规制在引导产业绿色发展的作用。在技术条件不变的情形下，环境规制难以抑制中西部地区低端产能规模扩张，故而对工业产能利用率提升作用并不明显。综上所述，本章提出假说 H3 – 1。

H3 – 1：在其他影响因素不变的条件下，环境规制与地区工业产能利用率之间呈"U"形关系，即随着环境规制强度加大，地区工业产能利用率先下降后上升。相对于中西部地区，东部地区环境规制对产能利用率的提升作用更加显著。

环境规制能否实现环境质量改善和经济发展双赢目标关键在于环境规制工具的选择。因此，从环境规制视角研究产能过剩治理需要分析环境规制工具对提升产能利用率有效性的差异。命令控制型环境规制是由政府所采用的强制性措施和企业必须遵守的标准。由于政府和企业之间存在严重的信息不对称，政府制定环境规制需要付出较高的信息搜索成本和监督成本（Atkinson & Lewis，1974；Tietenberg，2003；Seskin et al.，1983），导致政府规制失灵和规制俘获普遍发生。在地方政府环境规制执行时，采用具有"短、平、快"特征的强制性关停措施，旨在追求"立竿见影"的产能过剩治理效果。然而，"一刀切"政策难以适应企业灵活的生产经营活动和区域间经济发展水平差异性，不仅降低资源利用效率，而且不利于企业生产技术创新改造。尽管短期内命令控制型环境规制在一定程度上能实现淘汰落后产能的目标，但是易形成"一控就严、一放就松"的反复局面，造成资源浪费和企业大面积关停，难以实现产能利用率提升，最终不利于经济可持续发展。

市场激励型环境规制则是政府采用对企业征收环境税费等市场化手段来调节工业产能。市场激励型环境规制则借助市场机制内部化环境成本，提高生产要素价格，增加工业企业生产成本，压缩工业企业生产规模，促进市场出清，提高产能利用率水平。而且，市场激励型环境规制通过驱动企业改进生产技术、加速产业结构调整及区域间产业合作间接地影响产能利用率。波特（1995）认为，严格且设计合理的环境规制可以促进企业创新能力提高，弥补"遵循成本效应"产生的负面影响，从而实现企业竞争力水平的提高。因此，随着市场激励型环境规制强度提高，激励工业企业生产工艺改进和引进先进生产设备，提高技术创新能力和生产效率，降低环境要素投入和减少污染物排放，提高企业竞争力和产品市场认可程度，进一步加速落后产能退出市场。严格的市场激励型环境规制通过引导工业产业生产技术绿色转型、工业产业结构绿色调整和区域间产能合作，从而在整体上提高产能利用率。因此，市场激励型规制借助市场机制"无形之手"，将微观企业绿色生产经营活动和产能过剩治理相联系，实现可持续发展。

而公众参与型环境规制则是通过公众舆论对政府和工业企业施加压力，来影响企业生产经营，从而间接地影响产能利用率。然而，在地方政府主导的市场经济中，地方政府需要依托企业实现经济增长目标，导致地方政府环境规制供给和实际执行强度偏向于企业利益方，而非公众环境质量改善的诉求。由于信访制度自身缺陷，公众参与通过向地方政府施加压力，倒逼企业绿色生产的作用微弱。因此，公众参与型环境规制难以起到提高产能利用率的作用。因此，综上所述，本章提出假说 H3 − 2。

H3 − 2：在其他条件不变的情形下，不同类型环境规制工具对地区工业产能利用率作用存在差异。相对于命令控制型和公众参与型环境规制，市场激励型环境规制提升地区工业产能利用率的作用更为显著。

环境规制可以提高工业产业环境标准和生产成本，减少工业产业过度投资，迫使环境不达标企业退市，加速淘汰落后产能，提升产能利用率水平。不仅如此，环境规制也通过影响产业结构产生中介效应作用于产能利用率。在供给端，适度的环境规制直接或间接影响企业生产环境门槛和环境成本，激励企业绿色投资行为，促进区域产业结构调整和产业升级（孙玉阳等，2018），从而在一定程度上起到调节产能利用率的作用。经济体内部区域间环境规制强度的差异，促进环境敏感型产业区域间转移，产生空间替代效应和要素替代效应（范玉波和刘小鸽，2017）。由于地区间环境成本的差异，环境规制宽松区域具有环境成本比较优势。在环境规制强度较低时，环境规制的产业转移效应高于调整效应（程晨和李贺，2018）。随着环境规制强度增加，环境敏感性产业从环境规制高强度地区转移到环境规制强度较低的地区，引导资本流向环境友好型产业，拉动高规制强度地区产业结构调整，提高产能利用率。尽管环境敏感性产业增加转入区环境风险，但是产业转移能够在一定程度上带动欠发达地区工业技术创新提高，促进欠发达地区产能利用率提高。在需求端，随着环境规制强度增加和绿色消费理念的推广，加强生产商和社会公众对带有"绿色标签"产品的认可度，提高绿色产品竞争力，带动绿色产品和绿色服务的开发与应用；而且，恰当且适度的环境规制驱动工业企业扩大绿色投资规模，并通过投资乘数效应提升服务业在国民经济中的份额，促进产业结构高级化（郑加梅，2018；刘传哲等，2019）。因此，从供给端和需求端分析，随着环境规制强度提高，环境规制通过促进区域间产业转移，带动区域间产业结构调整和产业结构升级，从而有助于提高整体产能利用率水平。综上所述，本章提出假说 H3 - 3。

H3 - 3：在其他条件不变的情形下，环境规制不仅直接影响地区工业产能利用率，还通过产业结构产生中介效应提升产能利用率。

我国产能过剩呈现出"低端产能过剩"和"高端产能不足"的特征；存在严重产能过剩的行业多为技术落后、进入门槛低及资本密集型行业。技术创新水平提高对提升产能利用率、化解产能过剩起到关键性作用。由波特假说可知，设计合理且严格的环境规制可以起到促进企业技术创新的作用（Porter，1995）。因此，环境规制可以通过作用于技术创新产生中介效应，从而提高产能利用率。具体来看，在供给端，通过环境规制促进技术创新提高，引导企业绿色发展和高质量投资，改善产业组织结构，避免"投资潮涌"现象发生和低水平重复性建设，推进产业价值链向中高端迈进。而产业技术创新水平的提高，在一定程度上加速产业结构合理化和产业高级化，从而促进产能利用率提高。并且，产业结构调整和产业高级化也在一定程度上反哺于产业技术创新，引导产业技术绿色化创新。技术创新加强产业技术门槛，加速部分环境标准和技术水平不达标企业退出市场，加快淘汰落后产能，促进工业供给质量提高。在需求端，技术创新提高工业产品质量和绿色标准，进一步扩大市场需求；同时，技术创新水平的提高，引导上下游关联度较强产业技术创新，促进整个产业链的创新技术应用和推广，降低绿色技术和绿色产品的成本，促进需求结构变革，压缩低端产能过度投资的空间，从而有助于提高产能利用率水平。此外，环境规制强度趋严，增强市场对绿色技术认可度，促进消费结构转变及对绿色技术服务业的需求程度，进一步挤占落后产能投资空间。综上所述，本章提出假说 H3－4。

H3－4：在其他条件不变的情形下，环境规制不仅直接作用于地区工业产能利用率，还通过技术创新产生中介效应作用于产能利用率；产业结构对技术创新中介效应具有调节作用。

研究表明，环境规制对制造业行业绿色技术创新和产业转型升级的影响并非是线性关系（刘章生，2018；原毅军，2019）。在既定生产技术水平下，当环境规制强度低于门槛值时，企业在环境污染压力下倾向于增加环境污染治理开支，加强末端治理，一定程度上提高了企业的生产成本，反而不利于治理产能过剩。环境规制挤占工业企业技术创新投资，降低企业研发投入和动力，并不利于提高产能利用率。当环境规制强度高于门槛值，环境规制激励工业企业改进生产设备和生产工艺，起到提高绿色创新能力的作用（刘章生等，2018），在一定程度上促进技术创新水平提高，提升产能利用率。

环境规制对异质性制造行业产能利用率的影响存在差异。由于低技术制造行业技术创新水平较低，工业企业技术改造技术难度较大，环境规制通过技术创新提升其产能利用率作用难以实现。随着环境规制强度增加，环境规制加速淘汰落后产能，实现产能利用率水平提高。随着环境规制强度提高，降低低技术制造业利润水平，迫使部分工业企业退市，难以实现低技术制造业产能利用率提升。因此，对低技术制造业行业，环境规制强度较小时，在一定程度上起到提升产能利用率的作用；当环境规制强度超过拐点时，随着规制强度的增加，反而会降低产能利用率。与之相对，由于中高技术制造业行业技术创新水平较高，工业企业生产设备和工艺流程改进难度相对较小。尽管短期内环境规制强度提高一定程度上增加了生产成本，挤占了创新投资，不利于产能利用率提高。但是，随着环境规制强度的增加，中高技术企业发挥自身技术创新优势，有助于提升制造业企业产能利用率。中高技术制造企业技术创新水平提高，带动制造业上下游产业创新水平提高，加快制造业转型升级，助推制造业行业产能利用率水平提高。因此，环境规制与中高技术制造行业产能利用率之间呈现"U"形关系，即随着环境规制强度的提高，环境规制先降低产能利用率；当环境规制强度超过门槛值时，环境规制起到提升产能利用率的作用。综上分析，本章提出假说 H3 – 5。

H3 – 5：在其他条件不变的情形下，环境规制对制造业行业产能利用率提高具有非线性门槛效应，且环境规制对产能利用率提升作用存在行业异质性。

随着地方政府官员考核体系中环境硬约束的加强，地方政府平衡经济增长目标和环境保护目标之间的关系，由注重经济增长速度逐步转向注重经济发展质量。环境规制不仅直接作用于经济增长目标，而且通过地方政府行为而作用于工业绿色发展，从而作用于工业产能利用率。环境规制硬约束作用与经济增长目标的融合，倒逼地方政府加强工业建设项目环境评估，降低环境标准不达标的工业产业项目建设的可能性，减少了低端工业产能投资规模和重复性建设。环境规制倒逼地方政府加大绿色技术投入力度，提高工业产业绿色创新能力，带动传统工业绿色发展和新兴产业崛起，助推产业结构调整和升级，从而提高工业产能利用率水平。地方政府对绿色产业的偏好，也在一定程度上引导企业绿色投资和驱动绿色技术创新，从而提高了企业产能利用率水平。因此，长期而言，随着环境规制硬约束融入地方经济增长目标中，经济增长目标、环境规制与经济增长目标交互作用在一定程度上具有提升工业产能利用率的作用。综上所述，本章提出假说 H3-6。

H3-6：在其他条件不变的情形下，经济增长目标对产能利用率的作用呈现出先抑制后促进的作用；经济增长目标与环境规制交互作用可以起到提升工业产能利用率的作用。

随着中央政府加强对地方政府环境执法监督力度，强化对地方政府环境绩效的考核，地方政府之间竞争标尺由经济绩效逐步转变成为环境硬约束下的经济绩效。环境规制与地方政府竞争的交互作用，引导地方政府行为由注重短期内经济增长速度、投资规模扩张和重复建设，转向注重绿色投资、产业绿色技术创新和工业产业绿色转型，实现从"逐底竞争"转向"逐顶竞争"的转变，故而有助于促进传统产业绿色转型，扩大绿色工业产业投资规模，提高绿色产业技术能力，在整体上实现产业结构合理化和产业结构高级化，压缩低端落后产能扩张规模，实现工业产能利用率提高。综上所述，本章提出假说 H3-7。

H3-7：在其他条件不变的情形下，地方政府竞争与环境规制交互作用在一定程度上能够促进工业产能利用率提高。

随着反腐败力度进一步加大，反腐败强化环境规制硬约束，对工业产能利用率产生直接和间接的促进作用。反腐败通过监督官员的环境执法行为，直接削弱腐败官员对污染密集型企业的保护力度，降低环境评估不达标的工业项目上马的可能性，在源头上减少高能耗、高污染及高排放的工业企业投资，从而抑制新增落后产能。而且，反腐败通过强化环境规制间接地作用于工业产能治理。反腐败通过强化环境规制硬约束，加强对落后产能淘汰的监督力度，巩固环境规制去除过剩产能的效果。反腐败加大地方政府对绿色绩效考核的力度，激励地方政府官员招商引资行为由注重数量转向重视质量，进而引导地方政府"逐顶竞争"。反腐败纠正被扭曲的企业家行为，引导企业家行为向加大企业绿色技术创新投资，进一步巩固反腐败对环境规制提升产能利用率的作用。综上所述，本章提出假说 H3-8。

H3-8：在其他条件不变的情形下，反腐败与环境规制交互作用在一定程度上能够起到促进工业产能利用率提高的作用。

第 4 章

环境规制对产能过剩
作用机制的实证分析

在第 3 章理论依据梳理、机制机理分析及理论模型构建的基础上，本章采用省际面板数据和制造业行业面板数据，选择合适的控制变量，构建计量经济模型，采用最小二乘法（OLS）、固定效应模型（FE）、被调节的中介效应模型（ME）、面板分位数回归（QR）及面板门槛效应模型等计量方法进行实证分析，验证环境规制是否对产能过剩产生影响，运用异质性环境规制来区分不同环境规制工具有效性的差异，重点检验环境规制作用于产能过剩的机制。此外，在模型构建前，本章采用交叉验证（cross validation）、最小绝对值收敛和选择算子（least absolute shrinkage and selection operator，LASSO）及随机森林（random forest）方法进行变量筛选以便提高估计效率。

4.1 基于省际面板数据的实证分析

为了对本研究的核心假说进行实证验证，本章基于 2001～2017 年全国 30 个省份（不含西藏及香港、澳门、台湾地区）的基础数据，构建 17×31 短期面板数据模型和计量回归模型。在变量选择过程中，本章运用交叉验证和 LASSO 方法筛选变量，并进一步运用最小二乘法（OLS）、固定效应（FE）、面板分位数模型（QR）及中介效应模型（ME），实证分析环境规制是否对产能过剩产生影响、不同类型环境规制有效性的差异及环境规制作用于产能过剩的机制机理。

4.1.1　变量筛选

现有文献在变量筛选时，大多借鉴现有文献中已采用的变量，以此作为参照构建计量模型。尽管变量选择以信息准则作为依据，但仍以经验判断为基础，难以避免变量选择的主观性问题。为减少人为筛选变量造成计量回归模型设定的误差，本研究先根据现有文献研究，采用经验研究法选择潜在变量，再借鉴提布施瓦尼（Tibshirani，1996）的研究方法，采用交叉验证和 LASSO 筛选变量，其核心思想是先进行 K 折交叉验证，计算出最优 λ，使得均方预测误差（Mean-Squared Prediction Error，MSPE）最小，并采用 Stata 的 LASSO2 命令进行变量筛选。交叉验证及 LASSO 变量筛选如表 4 - 1 与图 4 - 1 所示。由表 4 - 1、表 4 - 2 及图 4 - 1 可知，计量模型中变量选择是合理的。

表 4 - 1　　　　　　　　　　交叉验证

Lambda	MSPE	st. Dev.
163. 11973	0. 10891604	0. 00552416
148. 62862	0. 10247641	0. 00568515
135. 42487	0. 09524469	0. 00544573
123. 3941	0. 08923956	0. 00528019
112. 4321	0. 08425288	0. 00516571
102. 44395	0. 08011183	0. 00508569
93. 343108	0. 07667294	0. 00502844
85. 050764	0. 07381846	0. 00498605
77. 495088	0. 07146508	0. 00495058
70. 610638	0. 06937767	0. 00490113
64. 337784	0. 06747395	0. 00487039

续表

Lambda	MSPE	st. Dev.
58. 622192	0. 06581735	0. 00483963
53. 414358	0. 06439654	0. 00481228
48. 669174	0. 0632167	0. 00478689
44. 345539	0. 06223695	0. 00476326
40. 406003	0. 06142333	0. 0047413
36. 816445	0. 06074766	0. 00472093
33. 545774	0. 06018653	0. 00470207
30. 56566	0. 05972154	0. 00468515
27. 850291	0. 05933677	0. 0046725
25. 376148	0. 05897226	0. 00465774
23. 121801	0. 05858196	0. 0046336
21. 067724	0. 05821785	0. 00460328
19. 196125	0. 05791577	0. 00457606
17. 490794	0. 05766516	0. 00455161
15. 93696	0. 05745727	0. 00452964
14. 521165	0. 05728883	0. 0045103
13. 231144	0. 05716507	0. 0044944
12. 055726	0. 05706374	0. 00447995
10. 984729	0. 0569845	0. 00446793
10. 008876	0. 05693605	0. 00446035
9. 1197146	0. 05690718	0. 00445456
8. 3095443	0. 0568919	0. 00444784
7. 5713473	0. 05688541	0. 00444103

资料来源：笔者根据 Stata 计算所得。

表 4 - 2　　　　　　　　　　变量筛选

Knot	ID	Lambda	s	L1 - Norm	EBIC	R-sq	Entered/Removed
1	1	163. 11973	1	0. 00000	- 1012. 75054	0. 0000	Added_cons.
2	2	148. 62862	3	0. 17237	- 1033. 98350	0. 0704	Added industry invest_rate.
3	10	70. 61064	4	1. 05244	- 1207. 99319	0. 3721	Added Lnzsgx.
4	21	25. 37615	5	1. 67452	- 1278. 79336	0. 4690	Added lnpwf
5	35	6. 89873	6	1. 93346	- 1291. 73317	0. 4906	Added lnRD.

续表

Knot	ID	Lambda	s	L1 – Norm	EBIC	R-sq	Entered/Removed
6	40	4.33260	7	1.95372	– 1286.99338	0.4922	Added openness
7	43	3.27746	8	1.96377	– 1281.43265	0.4928	Added market
8	70	0.26584	9	2.06673	– 1277.41958	0.4951	ADDED LNPWFSQU

资料来源：笔者根据 Stata 计算所得。

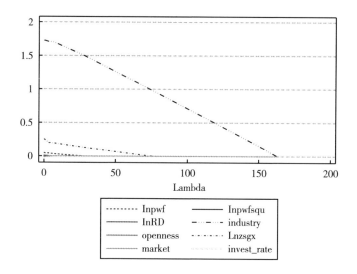

图 4 – 1 Lasso 变量筛选

资料来源：笔者自行绘制。

结合已有研究中对产能利用率影响因素的探讨（潘云良，2017），以及 LASSO 变量筛选可知，本章以产能利用率作为被解释变量来衡量省际地区工业产能过剩程度，以环境规制及其平方项作为核心解释变量。将地区工业研发投入、产业结构、地区开放程度、市场化程度、政商关系及地方政府投资水平作为控制变量。各主要解释变量描述性统计如表 4 – 3 所示。

表 4 – 3 主要解释变量描述性统计

变量名称	符号	计算方法	样本量	均值	标准差	最小值	最大值
产能利用率	lncuti	产能利用率取对数	510	– 0.52	0.340	– 1.77	0.00
环境规制	lnpwf	单位工业产值排污费对数	506	2.23	0.796	– 1.20	4.52
技术创新	lnRD	单位工业产值研发投入对数	506	– 3.77	1.461	– 9.68	– 0.62
产业结构	industry	工业产业占地区产值比重	507	0.39	0.080	0.12	0.53

变量名称	符号	计算方法	样本量	均值	标准差	最小值	最大值
开放程度	*openness*	利用外资占生产总值比	497	-4.06	1.004	-7.29	-1.92
政商关系	*lnzsgx*	政商关系得分取对数	498	1.90	0.271	0.39	2.37
市场化程度	*market*	市场化程度指数	509	6.18	1.870	2.37	11.71
政府投资	*invest_rate*	政府投资占生产总值对数	467	32.83	15.873	1.00	78.00

资料来源：笔者计算整理得出。

4.1.2　计量模型设定、变量说明及数据来源

4.1.2.1　模型设定

为验证环境规制是否对产能过剩产生一定的影响，研究二者之间的线性或非线性关系，以及探索环境规制强度差异对产能过剩的影响，对本研究构建基准面板数据模型。具体而言，设定如下形式的基准面板数据模型：

$$\ln cuti_{it} = \beta_0 + \beta_1 \ln pwf_{it} + \beta_2 \ln pwfsqu_{it} + \beta_3 X_{it} + \mu_t + \eta_i + \varepsilon_{it} \quad (4-1)$$

其中，$\ln cuti_{it}$ 为地区工业产能利用率，用来衡量工业产能过剩；产能过剩越严重，产能利用率越低；$\ln pwf_{it}$ 为环境规制指标，来衡量地区环境规制强度；$\ln pwfsqu_{it}$ 为环境规制指标二次项，用来捕捉环境规制产能过剩之间的非线性关系；X_{it} 为控制变量组，μ_t 为时间固定效应，用来衡量时间变化趋势；η_i 为个体固定效应，用来衡量地区异质性；ε_{it} 为误差项，β_i 为回归系数。

为避免遗漏变量带来的估计偏差，借鉴现有研究中影响产能利用的相关因素，并结合交叉验证与套索变量筛选的结果，在基准计量回归方程中（4-1）加入地区研发投入程度、工业水平、地区开放程度等控制变量，构建回归方程（4-2）。

$$\ln cuti_{it} = \beta_0 + \beta_1 \ln pwf_{it} + \beta_2 \ln pwfsqu_{it} + \beta_3 \ln RD_{it} + \beta_4 industry_{it}$$
$$+ \beta_5 openness_{it} + \beta_6 \ln zsgx_{it} + \beta_7 market_{it} + \beta_8 invest\_rate_{it} + \varepsilon_{it}$$

$$(4-2)$$

　　为验证环境规制作用于产能过剩的路径，借鉴温忠麟等（2004）的研究，采用中介效应模型研究方法，构建中介效应模型（4-3）、模型（4-4）和模型（4-5），来验证环境规制通过作用于产业结构间接地影响产能利用率。

$$lncuti_{it} = \beta_0 + \beta_1 \ln pwf_{it} + \beta_2 \ln pwfsqu_{it} + \beta_3 \ln RD_{it} + \beta_4 openness_{it}$$
$$+ \beta_5 \ln zsgx_{it} + \beta_6 market_{it} + \beta_7 invest\_rate_{it} + \varepsilon_{it} \qquad (4-3)$$

$$industry_{it} = \beta_0 + \beta_1 \ln pwf_{it} + \beta_2 \ln pwfsqu_{it} + \beta_3 \ln RD_{it} + \beta_4 openness_{it}$$
$$+ \beta_5 \ln zsgx_{it} + \beta_6 market_{it} + \beta_7 invest\_rate_{it} + \varepsilon_{it} \qquad (4-4)$$

$$lncuti_{it} = \beta_0 + \beta_1 \ln pwf_{it} + \beta_2 \ln pwfsqu_{it} + \beta_3 \ln RD_{it} + \beta_4 industry_{it}$$
$$+ \beta_5 openness_{it} + \beta_6 \ln zsgx_{it} + \beta_7 market_{it}$$
$$+ \beta_8 invest\_rate_{it} + \varepsilon_{it} \qquad (4-5)$$

　　与此相似，本章验证地区技术创新水平在环境规制与产能利用率之间产生的中介作用。为检验产业结构是否在环境规制与技术创新和技术创新与产能利用率之间起到中介调节作用，本章借鉴穆勒（Muller，2005）、海斯（Hayes，2013）等的研究方法，构建被调节的中介效应模型（4-6）、模型（4-7）和模型（4-8）。

$$lncuti = \beta_0 + \beta_1 \ln pwf_{it} + \beta_2 \ln pwfsqu_{it} + \beta_3 openness_{it} + \beta_4 \ln zsgx_{it}$$
$$+ \beta_5 market_{it} + \beta_6 invest\_rate_{it} + \varepsilon_{it} \qquad (4-6)$$

$$\ln RD_{it} = \beta_0 + \beta_1 \ln pwf_{it} + \beta_2 industry_{it} + \beta_3 pwf\_industry_{it}$$
$$+ \beta_4 openness_{it} + \beta_5 market_{it} + \varepsilon_{it} \qquad (4-7)$$

$$lncuti_{it} = \beta_0 + \beta_1 \ln pwf + \beta_2 \ln pwfsqu_{it} + \beta_3 \ln RD_{it} + \beta_4 industry_{it}$$
$$+ \beta_5 pwf\_industry_{it} + \beta_6 industry\_\ln RD_{it} + \beta_7 openness_{it}$$
$$+ \beta_8 \ln zsgx_{it} + \beta_9 market_{it} + \beta_{10} invest\_rate_{it} + \varepsilon_{it} \qquad (4-8)$$

其中，$pwf\_industry$ 为排污费与产业结构交互项，用来验证环境规制对中介变量技术创新的作用是否受到产业结构的调节；$industry\_\ln RD_{it}$ 为产业结构与地区技术创新水平的交互项，用来验证产业结构是否在技术创新水平作用于产能利用率路径中起到调节作用。

4.1.2.2 变量说明与数据来源

1. 被解释变量

产能过剩为被解释变量，在回归方程中用$lncuti_{it}$表示。根据产能过剩的定义，现有研究主要采用产能利用率（实际产出与产能产出之比）来衡量产能过剩程度（程俊杰，2015）。产能利用率越低，产能过剩越严重（沈坤荣等，2012；黄灿信等，2019）。尽管企业调查法可以直接获取企业产能利用率数据，但因其需要投入大量人财物力进行大规模调研，而且调查者评价主观性和不可避免的抽样误差，故而仅为各国家经济机构所用，而在理论研究中产能利用率的间接测度方法被广为应用（贾润崧，2016；张林，2016；程俊杰，2017）。产能利用率测算的间接方法包括峰值法、函数法（生产函数、成本函数、利润函数）及数据包络法等方法（梁咏梅等，2014）。然而，尽管各种间接测度方法具有一定的优势，但是这些方法不可避免地存在假设条件不适合转轨经济体实际国情和"暗箱"评价（忽视中间环节与各环节间联系）的严重缺陷（张少华等，2017）。因此，本章产能利用率数据的测算主要参考张少华和蒋伟杰（2017）的计算方法进行计算，运用我国30个省份的投入产出基础数据，借助GAMS软件对2001～2016年的工业企业产能利用率进行估算。由于各地区2017年度基础数据缺失，采用插值法根据趋势外推一期，来补充缺失值。

2. 核心解释变量

环境规制解释变量，在回归方程中用$lnpwf_{it}$表示。环境规制是综合的概念范畴，包含环境规制主体（政府与企业等）、客体（企业和个人）、目标及工具四个要素。而实证研究中的环境规制是指环境规制工具。对于环境规制衡量指标的使用，研究者通过选取多个指标进行变量标准化处理来构建综合性环境规制指标，减少单一的环境规制衡量指标产生的误差（Van Beers & Van den Bergh，1997；Dasgupta et al.，1995；Eliste & Fredriksson，2001；Ben Kheder & Zugravu，2008）。综合性环境规制指标忽视了异质性环境规制工具对技术创新和产业结构转型等影响的差异性，无法对比不同类型环境规制工具有效性。因此，本章对不同类型环境规制工具区别对待。

命令控制型环境规制工具包括政府颁布与施行的法律法规及环境处罚案。考虑各地区环境法律法规范围难以界定、数据连续性差，以及环境法案颁布数量与实施力度之间存在巨大差异，本章采用各省份人均环境处罚案件取对数表示。国内外学者主要从 6 个指标衡量市场激励型环境规制（张成等，2011）。考虑数据可获得性，本章借鉴沈能等（2012）的"单位工业产值环境污染治理成本"作为环境规制的度量方法，采用地方政府环境污染治理投资占地区工业生产总值比重取对数、地方政府环境设施运行费用占地区工业生产总值取对数及工业企业排污缴纳排污税费占地区工业生产总值取对数表示，来检验哪一种市场激励型规制更有效。在实证研究中，本节先采用工业企业排污缴纳排污税费占地区工业生产总值取对数作为市场激励型环境规制工具的指标。然后，在异质性环境规制探讨和比较环境规制工具有效性差异时，市场激励型环境规制转化为地方政府环境污染治理投资占地区工业生产总值比重取对数、地方政府环境设施运行费用占地区工业生产总值取对数。公众参与环境规制主要包括各地区环境信访次数、环境来访人数与批次，以及各地区人大与政协环境提案。本章采用各地区人均环境信访次数对数、人均环境来访人数与批次对数，以及各地区人均人大与政协环境提案数对数来衡量地区公众参与环境规制强度。

$\ln pwf_{it}$ 为市场激励型环境规制指标，采用各地区工业企业排污费缴纳额占地区工业生产总值比重取对数衡量。各地区年度排污费数据来源于《中国环境统计年鉴》，地区工业生产总值来源于《中国工业统计年鉴》。环境规制（包括正式和非正式环境规制）各指标数据来源于《中国环境统计年鉴》、万得（Wind）数据库及 EPS 数据库平台。

3. 控制变量

$\ln RD$ 为技术创新水平指标，采用地区研发投入占据地区生产总值比重取对数来衡量。研究表明，技术创新水平的提高，对提高工业产能利用率水平具有显著的促进作用（王立国等，2012；杨振兵，2016；肖怡清，2018）。各地区研发投入数据来源于《中国科技统计年鉴》。*Industry* 为地区产业结构，采用地区工业总产值与地区生产总值之比来衡量。各地区工业生产总值数据来自《中国工业统计年鉴》，地区生产总值来自于《中国统计年鉴》。*openness* 为地区开放程度，采用地区实际利用外资与地区生产总值比重取对数表示。各地区年度实际利用外资数据来源于《中国统计年鉴》和国家统计局地区宏观统计数据库。lnzsg 为各区政府与企业之间关系的健康程度，采用地区政商关系健康程度得分取对数表示。在央地之间信息不对称的情形下，被扭曲的政商关系导致地方政府和企业之间"合谋"，共同谋取租金，造成地方政府的去产能产业政策失效（侯方宇和杨瑞龙，2018）。*Market* 为市场化程度指标，反映各地区市场化程度，采用地区市场化进程总得分表示，数据来源于《中国市场化指数》。*invest_rate* 为地区政府投资水平，采用地方政府投资占地区生产总值比重取对数表示。其中，各地区年度投资值采用地区固定资产投资年度差值表示。各地区固定资产投资数据来自于国家统计局《中国宏观数据库》。

4.1.3　实证结果与分析

4.1.3.1　环境规制与产能利用率关系分析

相比较最小二乘法（OLS）和随机固定效应（RE），面板数据固定效应回归模型（FE）更加稳健。因此，本章采用面板固定效应模型分别对核心解释变量环境规制进行回归分析，并逐渐加入控制变量，得到表 4-4。由表 4-4 可知，在列（1）～列（6）中，以地区工业企业排污费衡量的环境规制及其二次项系数是稳健的。环境规制二次项系数显著为正，环境规制一次项系数显著为负，反映出环境规制与工业产能利用率之间呈现"U"形形态关系，二者之间并非单调线性关系，说明环境规制先降低产能利用率，随着环境规制强度的提高，环境规制起到提高产能利用率的作用，即较低强度的环境规制不利于产能利用率的提升，较高的环境规制强度会促进产能利用率，从而有助于缓解产能过剩。当环境规制强度较小，未超过环境规制强度拐点时，环境规制在一定程度上增加企业成本；企业倾向于选择末端治理投资，挤占技术创新投资，环境规制不利于提高工业产能利用率，且具有严重的滞后性。尽管环境规制在一定程度上促进部分企业退出市场，提高市场集中度，但是也造成产能产出的降低，反而不利于产能利用率提升。只有当环境规制强度超过"拐点"，激励工业企业改进生产工艺和变更生产设备，环境规制"创新补偿效应"促进产能利用率提升，环境规制提升产能利用率的作用逐渐显现。这一结论与韩国高（2017）研究中所得结论"环境规制可以显著地提高产能利用率水平"的结论一致。短期来看，费用型环境规制增加企业的生产成本，压缩工业企业生产规模，甚至"关、停"高污染和高能耗的工业企业，环境规制与现有生产模式不兼容，实质上降低实际产出，反而造成工业产能利用率的降低，在技术条件不变条件下"成本效应"显著。长期来看，随着环境规制强度的提升，环境规制对工业产能利用率的抑制作用逐渐降低。企业内部化环境成本，调整生产方式，并致力于绿色技术应用和创新投入力度的提升，"创新补偿效应"的效果逐渐显现。在地区层面，高强度和常态化的环境规制增加企业生产环境成本，缩小盲目投资、过度投资和重复建设的规模，降低"投资潮涌"现象发生的可能性，环境规制的"规模效应"逐渐显现。同时，环境规制引导产业结构调整趋于绿色化，加速能耗高、排放高和污染严重的产业整改和退市，环境规制的"结构效应"逐渐显现，引导地区工业产业结构绿色化，进而提升工业产能利用率。

表 4 - 4　　　　　　　　　　面板固定效应模型回归结果

变量名称	(1)	(2)	(3)	(4)	(5)	(6)
lnpwf	-0.130*** (0.0465)	-0.122** (0.0485)	-0.122** (0.0480)	-0.118** (0.0473)	-0.124*** (0.0480)	-0.0404 (0.0487)
ln$pwfsqu$	0.0616*** (0.0117)	0.0514*** (0.0120)	0.0523*** (0.0119)	0.0468*** (0.0118)	0.0470*** (0.0119)	0.0272** (0.0120)

续表

变量名称	(1)	(2)	(3)	(4)	(5)	(6)
lnRD		0.00498 (0.00937)	0.00352 (0.00942)	0.00519 (0.00928)	0.00344 (0.00954)	−0.00436 (0.00933)
industry		1.478 *** (0.205)	1.324 *** (0.214)	1.328 *** (0.213)	1.344 *** (0.217)	1.321 *** (0.212)
openness			0.0468 *** (0.0176)	0.0211 (0.0186)	0.0241 (0.0191)	0.0217 (0.0186)
lnzsgx				0.248 *** (0.0568)	0.286 *** (0.0755)	0.220 *** (0.0739)
market					−0.0114 (0.0140)	−0.0182 (0.0136)
invest_rate						−0.00591 *** (0.000803)
常数项	−0.574 *** (0.0660)	−1.095 *** (0.0993)	−0.856 *** (0.130)	−1.404 *** (0.180)	−1.392 *** (0.181)	−1.142 *** (0.177)
观测值（个）	506	504	494	490	489	459

注：*** 、** 、* 分别代表在1%、5%和10%水平下显著；括号内为标准误。
资料来源：笔者计算整理得出。

　　在完整的回归结果中，*industry* 在 1% 水平上显著为正，说明工业产业的发展起到提升地区工业产能利用率的作用。贾品荣（2019）研究表明，将京津冀高能耗产业结构和固定资产投资进行优化调整，降低固定资产投资比重，将会促进地区产能利用率水平合理化。lnzsgx 在 1% 水平上显著为正，说明随着政商关系的改善，可以提高企业对市场信息判断的准确性，规避政府不当干预（张龙鹏和蒋为，2015）。新型政商关系的构建，促进政企之间健康合作，推动工业健康发展，缓解产能过剩。*invest_rate* 在 1% 水平上显著为负，表明地方政府过度投资和产业趋同，在一定程度上降低产能利用率水平，加剧产能过剩（白雪洁和于志强，2018）。地方政府的不当干预，引起企业过度投资，导致企业内部成本外部化及国有企业低成本扩张，继而造成严重的产能过剩问题（王立国和鞠蕾，2012）。lnRD 系数为由正转为负，且并不显著，说明在全国层面，技术创新对工业产业产能利用率的作用并不明确。李斌等（2013）实证研究表明，2001～2010年工业行业绿色全要素增长率出现倒退，工业增长方式越发呈现出粗放式和外延式的特点。尽管环境规制对绿色全要素增长率具有一定的促进作用，但是环境规制强度具有明显的"门槛效应"（李斌等，2013）。在放松的环境规制情形下，环境规制正向促进绿色全要素生产率的提升作用难以显现。地区开放程度（openness）系数为正，说明对外开放程度的提高和外资自由化水平的提升，促进海外市场需求和国际产能合作，刺激中间品市场的发育，带动产能利用率水平，一定程度上起到缓解产能过剩的作用（杨光和孙浦阳，2017）。市场化程度（market）回归系数为负，反映出随着市场化程度的提高，市场化程度对工业产能利用率起到负向的影响。在市场制度不健全的情境下，由于政府的辅助作用对市场支配能力的降低，加重投资的"潮涌现象"，进一步降低工业部门的产能利用率水平（杨振兵，2018）。市场化程度也为扭曲的政商关系、腐败（李双燕和苗进，2018）及"隐性经济"的发展创造空间，进一步加剧产能过剩。

4.1.3.2　异质性环境规制与产能利用率关系分析

不同类型环境规制工具对产能利用率的作用效果存在差异。李斌等（2016）、屈晓娥（2018）、申晨等（2018）、薄文广等（2018）、徐鹏杰等（2018）的研究均表明，不同类型环境规制工具对经济发展与产业转型的有效性存在差异。应该看到，现有研究对异质性环境规制的探索仅仅停留在不同类型的环境规制效果的比较层面，且主观的环境规制工具类型划分并未区分政府行为主体和市场行为主体，缺少对同一种类型环境规制工具中的不同环境规制微观手段效果差异的分析，即尽管同是市场激励型环境规制，"利用市场"和"建立市场"对产能利用率作用效果可能存在差异（申晨等，2108）。因此，本章通过采用面板固定效应模型进行回归分析，研究控制命令型环境规制、不同类型市场激励型环境规制手段及非正式环境规制对工业产能利用率作用的差异性，从而得到表4-5。

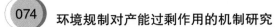

表 4 - 5　　　　　　　　异质性环境规制面板固定效应模型回归结果

变量名称	命令—控制型环境惩罚案	市场激励型环境治污投资	市场激励型环境设施运行费	公众参与型环境信访来信	公众参与型环境信访来访人数	公众参与型环境来访次数	公众参与型人大—政协提案
$\ln hjcf$	- 0. 072 * (- 1. 80)						
$\ln hjcfsqu$	- 0. 007 (- 1. 34)						
$\ln wrzl$		0. 047 (1. 14)					
$\ln wrzlsqu$		0. 021 *** (3. 00)					
$\ln wrfz$			0. 240 ** (2. 10)				
$\ln wrfzsqu$			0. 036 ** (- 2. 23)				
$\ln enletters$				0. 018 (1. 61)			
$\ln enletterssqu$				0. 000 (0. 03)			
$\ln envisitors$					0. 006 (0. 24)		
$\ln envisitorsqu$					0. 001 (0. 15)		
$\ln envistimes$						- 0. 020 (- 0. 57)	
$\ln envistimesqu$						- 0. 003 (- 0. 47)	
$\ln rdzx$							- 0. 176 ** (- 2. 39)
$\ln rdzxsqu$							- 0. 020 * (- 1. 78)
常数项	- 1. 253 *** (- 6. 71)	- 1. 451 *** (- 6. 32)	- 1. 597 *** (- 6. 34)	- 1. 303 *** (- 5. 29)	- 1. 325 *** (- 5. 23)	- 1. 352 *** (- 5. 16)	- 1. 561 *** (- 7. 52)
观测值（个）	457	373	458	343	330	331	456

注：***、**、*分别代表在1%、5%和10%水平下显著；括号内为标准误。

资料来源：笔者计算整理得出。

由此可知，以地区人均单位环境处罚案件衡量的命令控制型环境规制系数在 10% 水平下显著为负，其二次项系数为负且不显著，说明控制命令型环境规制与工业产能利用率之间的关系更倾向于负相关线性关系，揭示目前控制命令型环境规制对工业产能利用率提升作用并不显著。对于高污染、高能耗和高排放的工业产业与落后产能，在地方政府环境绩效考核的硬约束逐渐加强的情形下，地方政府采用"立竿见影"的控制命令型环境规制，包括短平快的"关、停"措施，多种"一刀切"强制措施并用。值得注意的是，表面上命令控制型环境规制直接淘汰落后产能，能起到治理产能过剩的作用。然而，实际上"立竿见影"的命令控制型环境规制仅仅加速工业企业"关、停"，短期内控制"三高"类型工业企业的发展与新产能的增加，却并不利于长期提升产能利用率水平。尽管短期环境治理和落后产能治理目标得以实现，但是却造成以传统工业为主导产业的地区工业产能利用率"洼地"和资源浪费，导致传统产业衰败与经济发展动能丧失、产业绿色转型难以实现，以及绿色产业与新动能难以形成的窘境，无法实现环境治理与产能利用率提升双赢，更不利于新旧动能转换。因此，长期而言，命令控制型环境规制难以提升地区工业产能利用率，无法对工业产能利用率提升形成正向的推动作用。

以政府为主体、以地区环境污染治理投入及污染防治项目建设投入衡量的建立市场型环境规制，揭示出异质性环境规制手段作用于产能利用率效果的差异性。具体而言，以环境污染治理投入衡量的市场激励型环境规制系数为正，且二次项系数在 1% 水平下显著为正，以环境污染治理项目建设衡量的市场激励型环境规制二次项系数为负，一次项系数为正，且均在 5% 水平下显著，表明以政府为主体、构建市场激励型环境规制工具促进工业产能利用率的提升，有助于提升工业产能利用率。相对于采用短平快和追求短期去产能绩效的命令控制型环境规制手段而言，以政府为主体的市场激励型环境规制，环境规制硬约束在产业政策和市场认可度两个维度都得以加强，减少工业企业环境污染治理沉没成本，降低地区工业产业转型的成本。同时，政府推动的市场激励型环境规制释放积极的政策信号，有助于引导工业企业投资行为，促进工业企业转型，从而提高工业产能利用率。

而公众参与型环境规制则对工业产能提升作用并不明显。由表4-5可知，以地区人均年度信访来信数量、环境信访者以及次数衡量的公众参与型环境规制，对工业产能利用率的作用并不明显。以各地区年度人均政协和人大环境提案数衡量的公众参与型环境规制二次项系数在10%水平下显著为负，且系数在5%水平下显著为负，说明以人大和政协环境提案衡量的公众参与型环境规制对工业产能利用率的提升产生负面影响，并不利于提升工业产能利用率。近年来，随着网络媒体发达程度的提升，公众参与型环境规制对环境污染治理的正外部性作用日渐增强（张同斌等，2017）。公众参与型环境规制对工业产能利用率的作用效果并不明显，与张江雪等（2015）、杨仁发等（2019）的研究结论基本一致。原因可能是公众参与型环境规制对突发的重大环境事件关注度高（曾婧婧和胡锦绣，2015），对不同类型污染物关注度与感知存在差异。

社会公众采取新兴媒体手段与社会舆论向政府施加压力，并监督工业污染企业披露环境信息与降耗减排，反而在一定程度上拓展控制命令型环境规制的实施领域，忽视对工业产业绿色发展过程的参与。尽管郑思齐等（2013）的研究表明，公众环境关注度可以起到推动地方政府增加环境治理投资、促进产业结构调整来改善环境质量。现实中，社会公众对水、固体废弃物及大气污染物等不同污染物的感受存在差异（余亮，2019），对工业绿色发展缺少有效的参与和监督机制。因此，公众参与型环境规制并不能够对工业产业绿色发展形成长期有效的硬约束和倒逼机制，难以引导工业企业绿色转型，最终对工业产能利用率提升作用并不显著。

4.1.3.3　环境规制与产能利用率的分位数异质性分析

考虑不同程度的工业产能利用率水平，环境规制对提高工业产能利用率的影响存在一定差异。而在估计方法选择时，考虑大多数数据呈现出"尖峰"和"肥尾"等特点，难以满足经典最小二乘法（OLS）的基本假设，导致估计结果非最优无偏估计量。相较于经典最小二乘法，面板分位数回归方法具有能更全面地描述自变量对于因变量变化范围及条件分布形状影响的特点，以及不易受到极端值干预和估计结果更为稳健等优点（毕茜和于连超，2016）。因此，本书进一步通过采用面板分位数固定效应模型，来分析环境规制对不同程度的工业产能利用率影响的差异性。同时，面板分位数实证研究也从侧面验证环境规制与工业产能利用率之间关系的稳健性。上述章节的实证研究表明，在整体层面环境规制与工业产能利用率之间呈现明显的"U"形形态关系，却并未进一步区分环境规制对不同分位数产能利用率影响是否存在差异。

由实证结果表4-6可知，环境规制与产能利用率之间的关系依然呈现出"U"形形态关系，也进一步证实环境规制与产能利用率之间关系的稳健性。然而，与上述研究结论不同的是，基于面板分位数回归分析的环境规制回归系数大小及显著性水平在不同分位数上的回归结果不同，并且随着分位数的提高，环境规制的回归系数绝对值不断降低。其中，三分位数和四分位数回归结果绝对值较低且回归结果显著，而八分位数和九分位数的回归结果绝对值最低，并且呈现出高分位数回归结果不再显著的特征。换言之，环境规制对工业产能利用率的作用具有明显的分位数异质性，即低分位数的环境规制对产能利用率提升作用显著，环境规制化解产能过剩的作用效果显著。中间分位数的环境规制对产能利用率的作用虽然也显著，但其提升作用呈递减趋势，表明随着产能利用率水平的提升，环境规制对产能利用率作用减弱。高分位数的环境规制对产能利用率影响回归系数绝对值下降，且回归系数不再显著，说明相对于较高水平的产能利用率，环境规制对产能利用率的影响已达到一定高水平，环境规制化解产能过剩的作用并不明显。因此，我们认为，当工业产能利用率较低、产能过剩严重时，环境规制对提升产能利用率的作用较为显著；当工业产能利用率较高、产能过剩并不严重时，环境规制提升产能利用率的作用减弱。

表 4 - 6　　　　　　　　面板固定效应分位数模型回归结果

变量名称	(1) 三分位数	(2) 四分位数	(3) 五分位数	(4) 七分位数	(5) 八分位数	(6) 九分位数
lnpwf	- 0. 106 * (0. 0572)	- 0. 101 ** (0. 0468)	- 0. 0965 ** (0. 0432)	- 0. 0894 * (0. 0505)	- 0. 0846 (0. 0619)	- 0. 0797 (0. 0762)
ln$pwfsqu$	0. 0434 *** (0. 0156)	0. 0463 *** (0. 0128)	0. 0488 *** (0. 0118)	0. 0526 *** (0. 0138)	0. 0553 *** (0. 0169)	0. 0579 *** (0. 0208)
lnRD	0. 00380 (0. 0116)	0. 00222 (0. 00951)	0. 000784 (0. 00878)	- 0. 00135 (0. 0102)	- 0. 00282 (0. 0126)	- 0. 00432 (0. 0155)
$industry$	1. 237 *** (0. 374)	1. 012 *** (0. 309)	0. 808 *** (0. 285)	0. 505 (0. 329)	0. 295 (0. 403)	0. 0826 (0. 493)
$openness$	- 0. 000432 (0. 0331)	- 0. 00150 (0. 0271)	- 0. 00248 (0. 0250)	- 0. 00393 (0. 0292)	- 0. 00493 (0. 0358)	- 0. 00595 (0. 0441)
ln$zsgx$	0. 233 ** (0. 116)	0. 192 ** (0. 0956)	0. 155 * (0. 0882)	0. 0987 (0. 103)	0. 0601 (0. 126)	0. 0209 (0. 155)
$market$	- 0. 0502 *** (0. 0185)	- 0. 0398 *** (0. 0152)	- 0. 0303 ** (0. 0141)	- 0. 0162 (0. 0163)	- 0. 00652 (0. 0199)	0. 00334 (0. 0244)
$invest\_rate$	- 0. 00410 *** (0. 00115)	- 0. 00427 *** (0. 000944)	- 0. 00443 *** (0. 000871)	- 0. 00466 *** (0. 00102)	- 0. 00482 *** (0. 00125)	- 0. 00498 *** (0. 00153)
观测值（个）	459	459	459	459	459	459

注：*** 、** 、* 分别代表在 1% 、5% 和 10% 水平下显著；括号内为标准误。

资料来源：笔者计算整理得出。

4.1.3.4　环境规制作用于产能利用率的机制验证

1. 产业结构的中介效应实证分析（并未使用）

现有研究对于环境规制作用于工业产能利用率的机制并未充分论证，少有文献探索环境规制是否可以在一定程度上起到治理产能过剩的作用，而对于环境规制作用于产能利用率机制的检验仍处于探索阶段。本书在既有理论、已有研究和数据分析基础上，提出环境规制主要通过产业结构和技术创新两个主要方面作用于产能利用率的基本假设，并通过构建被调节的中介效应模型，来验证产业结构和技术创新的中介效应与中介调节效应，实证结果如表 4 - 7 所示。

表4-7　　　　产业结构对工业产能利用率直接影响和中介效应回归结果

方程 被解释变量	(3) lncuti	(4) industry	(5) lncuti
lnpwf	-0.082 * (-1.70)	0.018 ** (1.97)	-0.097 ** (-2.02)
lnpwfsqu	0.046 *** (3.68)	-0.003 (-1.38)	0.048 *** (3.93)
lnRD	-0.005 (-0.51)	-0.007 *** (-3.97)	0.001 (0.11)
openness	0.008 (0.33)	0.012 *** (2.78)	-0.002 (-0.10)
lnzsgx	0.142 * (1.84)	-0.022 (-1.51)	0.160 ** (2.09)
market	-0.023 (-1.58)	0.011 *** (3.87)	-0.032 ** (-2.17)
invest_rate	-0.004 *** (-5.26)	0.000 (0.62)	-0.004 *** (-5.41)
industry			0.839 *** (3.27)
常数项	-0.566 *** (-3.38)	0.370 *** (11.78)	-0.876 *** (-4.59)
观测值（个）	459	459	459

注：***、**、*分别代表在1%、5%和10%水平下显著；括号内为标准误。

资料来源：笔者计算整理得出。

以产业结构指标作为中介变量，构建中介变量结构模型（3）、模型（4）和模型（5），得到回归结果表4-7。由实证结果可知，在方程（3）中，由排污费所衡量的环境规制的一次项系数在10%水平上显著为负，二次项系数为1%水平显著为正，说明随着环境规制强度的提升，环境规制对工业产能利用率的直接影响呈现出先抑制后促进的"U"形关系。环境规制对产能利用率的提升作用需要适应期和调整期才能够释放出来。就直接效应而言，环境规制对工业产能利用率的影响存在规制强度"门槛效应"。在环境规制强度较小且未达到环境规制强度拐点时，随着环境强度的增大，工业产业利用率呈现下降趋势。当环境规制强度较大且超过规制强度拐点时，环境规制明显促进工业产能利用率上升。在环境规制强度小于拐点值时，环境规制增加工业企业的环境成本，激励工业企业缩小实际产出规模，加剧产能过剩。随着环境规制强度的提升，环境规制逐渐形成硬约束，企业将环境成本纳入生产成本中，及时调整生产规模和加强管理，提高企业绿色生产效率，进一步提升产能利用率。在方程（4）中，环境规制对工业产业结构的影响，一次项系数在 5% 水平上显著为正，二次项系数为负（但不显著），反映出随着环境规制强度的提升，环境规制对工业产业结构的作用呈现出先促进后抑制的特征，反映出环境规制在一定程度上可以推进产业结构合理化调整，淘汰高能耗和高污染的产业；同时，环境规制也在一定程度上促进产业结构高级化。在方程（5）中，环境规制系数和产业结构变量系数至少在 5% 和 1% 水平上显著，反映出环境规制促进产能利用率提升存在部分中介效应。环境规制不仅直接作用于工业产能利用率，而且还通过产业结构间接地影响于工业产能利用率。其中，环境规制对工业产能利用率的直接效应一次项和二次项系数分别为 −0.097 和 0.048，产业结构变量的系数为 0.839，这是产生部分中介效应的主要原因。环境规制不仅直接作用于产能利用率，在一定程度上有助于提升产能利用率水平，而且环境规制还通过作用于产业结构，促进产业结构合理化调整和产业结构高级化，引导工业产业绿色化发展和工业产业服务化，提升工业产能利用率。

2. 技术创新中介效应的实证分析

技术创新水平的提高，对提升产能利用率、化解产能过剩、促进经济高质量发展，具有积极的促进作用。李后建等（2017）研究发现，企业工艺创新和产品创新都在一定程度上提高了企业产能利用率。刘建勇（2017）、韩国高（2018）对技术创新对产能利用率影响进行实证分析，研究结论均显示技术创新在环境规制和产能利用率之间起到中介效应。需要指出的是，这些研究并未进一步分析产业结构等其他变量是否对中介效应起到了调节作用。因此，本章构建结构方程模型（6）、模型（7）和模型（8），进一步验证技术创新水平对环境规制作用于工业产能利用率的中介效应，分析中介效应是否受到产业结构的调节作用，实证结果如表4-8所示。

表4-8　技术创新对工业产能利用率直接影响和中介调节效应回归结果

方程 被解释变量	(6) ln$cuti$	(7) lnRD	(8) ln$cuti$
lnpwf	-0.085* (-1.77)	0.417* (1.77)	-0.038 (-0.49)
ln$pwfsqu$	0.046*** (3.71)	0.098* (1.67)	0.043*** (3.23)
$openness$	0.005 (0.21)	0.322*** (2.92)	0.005 (0.23)
ln$zsgx$	0.133* (1.74)		0.191** (2.47)
$market$	-0.021 (-1.52)	-0.174*** (-2.97)	-0.040*** (-2.65)
$invest\_rate$	-0.004*** (-5.10)		-0.005*** (-5.57)
$industry$		-5.037*** (-4.20)	2.057*** (2.81)
lnRD			0.115** (-2.52)
$pwf \times industry$			-0.103 (-0.52)
$industry \times$ lnRD			0.283*** (2.60)
常数项	-0.553*** (-3.38)	-0.864 (-1.04)	-1.352*** (-4.29)
观测值（个）	461	493	459

注：***、**、*分别代表在1%、5%和10%水平下显著；括号内为标准误。
资料来源：笔者计算整理得出。

由方程（6）可知，环境规制一次项系数在10%水平上显著为负，二次项系数显著为正，说明环境规制与工业产能利用率之间呈现"U"形形态关系，只有环境规制强度跨越"拐点"后，才可以起到提高产能利用率的作用。由方程（7）可知，环境规制一次项系数在10%水平上显著为正，二次项系数在10%水平上显著为正，环境规制与技术创新之间呈现"U"形关系，环境规制对技术创新具有先抑制后促进的作用（董直庆和王辉，2019）。由方程（8）可知，环境规制一次项系数并不显著、二次项系数为正，且技术创新水平系数在5%水平上显著为正，环境规制对工业产能利用率具有直接影响，环境规制对工业产能利用率起到先抑制后促进的作用。环境规制还通过技术创新间接地正向作用于工业产能利用率，显现出完全中介效应。

产业结构变量的系数在1%水平上显著为正，说明工业产业发展可以显著地提升工业产能利用率水平。更进一步，在方程（8）中，引入产业结构与技术创新的交互项（$industry\_lnRD$）及环境规制与产业结构的交互项（$pwf\_industry$）来表示产业结构对技术创新中介效应的调节作用，结果显示环境规制与产业结构的交互项并不显著，而产业结构与技术创新的交互项在1%水平上显著为正，说明产业结构对技术创新的完全中介效应起到调节作用，主要是通过后端的产业结构与技术创新交互作用，共同影响工业产能利用率，而非前端的产业结构与环境规制交互作用来影响技术创新[1]。环境规制通过技术创新中介效应在一定程度上能够提升工业产能利用率，工业产业结构对技术创新中介效应起到负向调节作用，而工业产业发展与技术创新的共同作用提升了工业产能利用率水平，有助于化解产能过剩。环境规制在一定程度上促进技术创新水平的提高，有效地引导绿色技术创新和工业清洁技术使用，在一定程度上加速工业结构的调整和工业产业高级化转型，对工业发展形成了有效的绿色技术门槛和环境硬约束，减少"三高"行业及其低端产业过度投资，起到提升产能利用率的作用。

---

[1] 产业结构对技术创新中介效应的调节效应，通过环境规制与产业结构的交互效应作用于技术创新，从而间接地促进产能利用率，而非技术创新与产业结构交互效应。

4.2　基于行业面板数据的实证分析

在我国已实行最严格的环境规制，制造业已步入产业结构转型升级的关键时期情况下，推动制造业绿色发展已经成为新时代工业绿色发展的重要内容。因此，将制造业产能利用率与环境规制的研究有机结合，研究如何实现二者双赢目标，探究环境规制对制造业产能利用率的影响，具有重要的理论和现实意义。

为进一步论证环境规制对制造业产能过剩作用是否存在行业差异异质性，本书基于 19 个制造业细分行业进行实证分析。考虑工业产业污染排放密集程度与技术密集程度的差异，环境规制对提升产能利用率、化解产能过剩的作用存在行业异质性（肖怡清和陈宪，2018）。就制造业行业而言，环境规制对制造业的影响如何、是否存在行业异质性、环境规制强度是否存在门槛效应及环境规制如何作用于产能利用率等问题并未得到有力的论证。因此，本节基于 2001 ~ 2017 年制造业 19 个细分行业数据①，构建 17×19 的短期面板数据，采用静态面板固定效应（*FE*）、动态面板系统广义矩估计（*SYS_GMM*）、面板门槛效应模型及被调节的中介效应模型等计量方法，来实证检验环境规制对制造业行业产能过剩的影响和行业间异质性，并且进一步验证环境规制作用于产能过剩的机制。

4.2.1　变量筛选及描述

已有研究在构建计量回归方程时，主要参考现有文献中所使用的变量。尽管这种选择变量的方式以前人研究和理论基础为依据，但是仍然

---

① 制造业 19 个细分行业包括专业设备制造业、交通运输设备制造业、仪器仪表设备制造业、农副食品加工业、化学原料制造业、化学纤维制造业、医药制造业、有色金属制造业、烟草加工业、电子及通信设备制造业、电器机械及器材制造业、石化炼焦业、纺织业、通用设备制造业、造纸和制造品业、金属制品业、食品制造业、饮料制造业、黑色金属制造业。

无法避免变量选择的主观随意性。由布雷曼（Breiman，2001）提出的随机森林法（random forest），是一种基于分类树的统计理论，该方法具有对离群值不敏感、高预测准确率及对异常值和噪声具有较好的容忍度等优点，并且随机森林算法可评估所有变量的重要性（Cutler et al.，2007）。因此，为提高回归方程估计效率和准确性，本书不仅以环境规制理论为依据，参考韩国高（2018）、刘建勇等（2018）研究中所选择的主要变量，而且进一步运用随机森林法，按照变量重要程度进行变量筛选，其结果如图4-2所示。因此，本书选择环境规制及其平方项、行业竞争程度、研发投入力度、研发投入与环境规制交互项及固定资产投资之后项作为回归方程的解释变量，并进行变量描述性统计（见表4-9）。

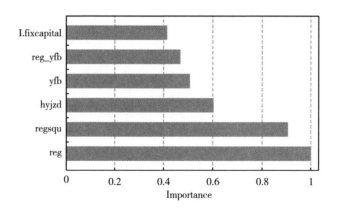

图 4-2　随机森林法变量筛选

表 4-9　　　　　　　　　　变量描述性统计

变量名称	变量符号	计算方法	观测值	均值	标准差	最小值	中位数	最大值
产能过剩	lncuti	产能利用率取对数	323	-0.05	0.382	-0.87	-0.04	1.23
环境规制	lnreg	环境规制强度对数	323	-7.98	1.485	-12.11	-7.76	-4.01
环境规制平方项	lnregsqu	环境规制强度对数	323	65.88	25.128	16.06	60.26	146.65
技术创新	Yfb	研发投入力度	323	2.79	7.425	0.01	1.05	83.41

续表

变量名称	变量符号	计算方法	观测值	均值	标准差	最小值	中位数	最大值
行业竞争度	$Hyjzd$	行业竞争度	323	0.30	0.559	-3.53	0.13	4.20
环境规制与技术创新交互项	$lnreg \times yfb$	环境规制与研发投入交互项	323	-22.39	55.677	-615.82	-8.23	-0.04
固定资产投资滞后项	$fixcapitalzh$	固定资产滞后项	323	3874.97	4352.679	0.45	2390.00	23920.00

资料来源：笔者计算整理得出。

4.2.2　计量模型设定与变量说明

4.2.2.1　计量模型设定

鉴于行业间环境规制对产能利用率作用强度差异以及影响的滞后性，先构建静态面板回归方程（4-9）与方程（4-10）作为基准方程，在此基础上引入被解释变量一期滞后项，构建动态面板回归方程（4-11），来验证环境规制是否对制造业产能利用率具有提升作用。

$$\text{ln}cuti_{it} = \beta_0 + \beta_1 \text{ln}reg_{it} + \beta_2 (\text{ln}reg_{it})^2 + \beta_3 X_{it} + \mu_t + \eta_i + \varepsilon_{it} \qquad (4-9)$$

$$\text{ln}cuti_{it} = \beta_0 + \beta_1 \text{ln}reg_{it} + \beta_2 (\text{ln}reg_{it})^2 + \beta_3 \text{ln}yfb_{it} + \beta_4 hyjzd_{it}$$
$$+ \beta_5 \text{ln}reg \times yfb_{it} + \beta_6 fixcapitalzh_{it} + \mu_t + \eta_i + \varepsilon_{it} \qquad (4-10)$$

$$\text{ln}cuti_{it} = \beta_0 + \beta_1 \text{ln}cuti_{it-1} + \beta_2 \text{ln}reg_{it} + \beta_3 (\text{ln}reg_{it})^2 + \beta_4 \text{ln}yfb_{it}$$
$$+ \beta_5 hyjzd_{it} + \beta_6 \text{ln}reg \times yfb_{it} + \beta_7 fixcapitalzh_{it} + \mu_t + \eta_i + \varepsilon_{it}$$

$$(4-11)$$

其中，下标 i 和 t 分别代表制造业细分行业与年份，μ_t 代表时间固定效应，η_i 代表个体固定效应，ε_{it} 为随机误差项，X_{it} 为控制变量组。$\beta_i(i=0, 1, \cdots, n)$ 为各变量回归系数。$\text{ln}cuti_{it}$ 和 $\text{ln}cuti_{it-1}$ 为被解释变量制造业行业产能利用率及其滞后一期项，$\text{ln}reg_{it}$ 和 $(\text{ln}reg_{it})^2$ 为环境规制及其二次项，yfb_{it} 为技术创新，$hyjzd$ 为行业竞争程度，$\text{ln}reg_{it} \times yfb_{it}$ 为环境规制与技术创新的交互项，代表环境规制与技术创新的交互作用。$fixcapitalzh$ 为固定资产滞后一期项，来衡量固定资产投资对产能利用率的滞后影响。

考虑环境规制强度差异所产生的回归结果的差异，本书以环境规制强度作为门槛变量，来构建环境规制与产能利用率之间的非线性关系模型——门槛面板模型（4 – 12），验证环境规制作用于制造业产能利用率是否存在门槛效应。

$$
\begin{aligned}
\ln cuti_{it} = & \beta_0 + \beta_{11} \ln reg_{it} \times I(\ln reg_{it} \leq \gamma_1) + \beta_{12} \ln reg_{it} \\
& \times I(\gamma_1 < \ln reg_{it} \leq \gamma_2) + \cdots + \beta_{1n} \ln reg_{it} \times I(\gamma_{n-1} < \ln reg_{it} \leq \gamma_n) \\
& + \beta_{1(n+1)} \ln reg_{it} \times I(\ln reg_{it} > \gamma_n) + \beta_2 \ln yfb_{it} + \beta_3 hyjzd_{it} \\
& + \beta_4 cbfyl_{it} + \beta_5 tzb_{it} + \beta_6 openness_{it} + \beta_7 growth_{it} \\
& + \beta_8 \ln yfb \times openess_{it} + \beta_9 \ln reg \times openness_{it} + \mu_t + \eta_i + \varepsilon_{it}
\end{aligned}
$$

$$(4 – 12)$$

其中，$I(*)$ 为示性函数，$\gamma_1, \gamma_2, \cdots, \gamma_n$ 为特定的门槛值。在构建面板门槛回归方程时，参照韩国高（2017，2018）研究中所选择的控制变量，引入成本费用率（$cbfyl$）、行业投资水平（tzb）、行业对外开放程度（$openness$）、行业市场需求程度（$growth$），以及环境规制与行业对外开放程度交互项（$\ln reg \times openness$）和技术创新水平与行业对外开放程度交互项（$\ln yfb \times openess$）作为控制变量。

为进一步验证环境规制如何作用于制造业产能利用率、技术创新水平是否产生中介效应、对外开放程度是否具有中介调节作用及其类型，本书构建中介效应结构回归方程（4 – 13）、方程（4 – 14）和方程（4 – 15）。其中，本书通过散点图①和实证检验过程中，发现环境规制二次项（$\ln regsqu$）并不显著，故在中介效应结构方程模型中不再引入环境规制二次项。将方程（4 – 13）中的成本费用率（$cbfyl$）、行业投资水平（tzb）、行业对外开放程度（$openness$）以及行业需求程度（$growth$）引入基准回归方程，构建回归方程（4 – 14）。并且，结合回归方程（4 – 13）与方程（4 – 14），构建回归方程（4 – 15）。

---

① 环境规制与制造业行业散点图不再赘述。

$$\ln cuti_{it} = \beta_0 + \beta_1 \ln reg_{it} + \beta_2 \ln yfb_{it} + \beta_3\, hyjzd_{it} + \beta_4\, cbfyl_{it} + \beta_5\, tzb_{it}$$
$$+ \beta_6\, openness_{it} + \beta_7\, growth_{it} + \mu_t + \eta_i + \varepsilon_{it} \tag{4-13}$$

$$\ln yfb_{it} = \beta_0 + \beta_1 \ln reg_{it} + \beta_2\, tzb_{it} + \beta_3\, openness_{it} + \beta_4\, cbfyl_{it}$$
$$+ \beta_5\, hyjzd_{it} + \beta_6\, growth_{it} + \mu_t + \eta_i + \varepsilon_{it} \tag{4-14}$$

$$\ln cuti_{it} = \beta_0 + \beta_1 \ln reg_{it} + \beta_2 \ln yfb_{it} + \beta_3\, hyjzd_{it} + \beta_4\, cbfyl_{it} + \beta_5\, tzb_{it}$$
$$+ \beta_6\, openness_{it} + \beta_7\, growth_{it} + \beta_8 \ln yfb \times openness_{it}$$
$$+ \beta_9 \ln reg_{It} \times openness_{it} + \mu_t + \eta_i + \varepsilon_{it} \tag{4-15}$$

其中，在结构回归方程（4-13）、方程（4-14）和方程（4-15）中引入环境规制与行业对外开放程度交互项（$\ln reg \times openness$）和技术创新水平与行业对外开放程度交互项（$\ln yfb \times openess$），旨在进一步研究技术创新水平对产能利用率的作用是否受到行业对外开放程度的影响以及影响路径。

4.2.2.2 变量说明及数据来源

鉴于行业面板数据的可获得性和探索研究前沿的必要性，本书选取2001~2017年中国制造业19个细分行业面板数据。对于某一行业年度数据缺失，依照趋势采用线性插值法计算得出。

1. 被解释变量

被解释变量为制造业细分行业产能利用率取对数（$\ln cuti$），反映制造业各细分行业产能过剩情况。本章以制造业19个细分行业数据为样本，参照韩国高（2011）的研究，采用成本函数法测算2001~2016年行业产能利用率，并依照趋势采用线性插值法估算2017年各制造行业数值。制造业行业产能利用率估算所需要的投入要素、要素价格及可变成本与产出等基础数据，来源于历年的《中国工业经济统计年鉴》《中国统计年鉴》。

2. 核心解释变量

核心解释变量为环境规制强度（$\ln reg$）和技术创新（$\ln yfb$）。对于环境规制强度的衡量，现有研究存在很大的差异。环境规制变量制造业行业高质量数据相对较弱，很多实证研究难以开展（陆旸，2009）。

基于地区（省或市）面板数据的实证研究中，环境规制强度主要从环境规制政策实施前后污染物减少量（Smarzynska & Wei，2001）、企业治污投资占产值比重（Cole & Ellion，2003）、治污设施运行费用（Fredriksson & Millimet，2002）、环境规制部门检查次数等方面估计（张成等，2011）。而基于官方统计数据相对匮乏的行业面板数据的研究，环境规制强度的衡量主要是依据制造业各细分行业的废水排放量、固体废弃物排放量及二氧化硫等废气排放量的单项指标进行标准化处理，并利用制造业行业产值和治污设施运行费用进行权重调整，计算得出综合指标（杨振兵等，2012；韩国高，2018）。这种综合性环境规制衡量指标只是采用不同类型指标数据进行数量运算来构建的综合指标，并不能够体现环境规制异质性。在实证研究中，朱金生等（2019）采用各制造细分行业废水治理设施运行费用与废水排放量比值、废气治理设施运行费用与废气排放量比重及固体废弃物综合利用率来衡量环境规制强度。此外，也有文献采用各细分行业污染物排放量取倒数来衡量环境规制强度。因此，本章借鉴张成等（2011）、朱金生等（2019）研究中的环境规制强度估算方法，采用制造业细分行业单位产值污染治理设施运行费用取对数表示，二者基础数据来源于《中国工业经济统计年鉴》《中国环境年鉴》。

3. 控制变量

技术创新（lnyfb）代表制造业各细分行业的技术创新水平，用单位工业产值研发比投入表示，采用制造业细分行业研发投入与工业产值比计算得到。行业竞争程度（hyjzd）代表了制造业细分行业的竞争程度，采用"工业产值/（工业增加值－行业总工资）"计算得到。fixcapitalzh为固定资产投资滞后一期项，成本费用率（cbfyl）用来衡量制造业细分行业盈利水平，采用工业成本费用利润率来衡量。各行业投资水平（tzb）采用制造业各细分行业投资额占工业总产值的比重来衡量，其中投资额采用固定资产投资年度差值计算得到。制造业行业对外开放程度（openness）采用行业出口交货值与工业总产值占比来衡量。行业需求（growth）代表市场需求，采用制造业各细分行业销售收入增长率来代替，数据来自于

《中国统计年鉴》。$lnyfb \times openness$ 为技术创新与行业外资开放程度交互项，表示行业对外开放程度对技术创新的交互影响。$lnreg \times openness$ 为环境规制与行业对外开放程度交互项，表示行业对外开放程度对环境规制的交互影响。

4.2.3　实证结果与分析

4.2.3.1　制造业行业面板数据分析

基于 2001～2017 年制造业 19 个细分行业面板数据，构建静态面板与动态面板模型，进行回归分析。通过 Hausman 检验可知，相比较于最小二乘法及随机效应估计，静态面板固定效应更有效[①]。因此，在静态面板模型中采用固定效应（FE）逐一进行估计，引入解释变量，得到回归结果（1）～（5）。由于被解释变量滞后项 L. $lncuti$ 的存在而带来的内生性的问题，本章采用系统广义矩估计（SYS_GMM）方法减少估计偏差，得到回归结果（6）（见表 4 - 10）。

表 4 - 10　　　　制造业行业面板数据静态和动态方程回归结果

变量 名称	(1) FE_1	(2) FE_2	(3) FE_3	(4) FE_4	(5) FE_5	(6) SYS_GMM
$lnreg$	- 0.023 ** (- 2.48)	- 0.023 ** (- 2.45)	- 0.019 (- 0.37)	- 0.027 (- 0.53)	- 0.098 * (- 1.75)	- 0.084 (- 1.21)
$lnregsqu$			0.000 (0.00)	- 0.001 (- 0.26)	- 0.007 * (- 1.76)	- 0.006 (- 1.58)
yfb		0.001 (1.49)	0.001 (1.31)	- 0.016 (- 1.14)	- 0.017 (- 1.23)	0.002 (0.30)
$hyjzd$			- 0.031 * (- 1.87)	- 0.031 * (- 1.85)	- 0.028 * (- 1.72)	- 0.031 *** (- 3.59)
$lnreg\_yfb$				- 0.002 (- 1.23)	- 0.002 (- 1.32)	0.000 (0.55)

---

①　Hausman 检验结果不再赘述，具体备索。

变量 名称	(1) FE_1	(2) FE_2	(3) FE_3	(4) FE_4	(5) FE_5	(6) SYS_GMM
fixcapitalzh					0.000 *** (2.97)	0.000 (1.21)
L. lncuti						0.483 *** (6.72)
常数项	− 0.237 *** (− 3.21)	− 0.238 *** (− 3.24)	− 0.201 (− 0.97)	− 0.216 (− 1.04)	− 0.436 ** (− 2.00)	− 0.293 (− 0.94)
观测值（个）	323	323	323	323	323	304

注：*** 、** 、* 分别代表在1%、5%和10%水平下显著；括号内为标准误。
资料来源：笔者计算整理得出。

由表4－10可知，在固定效应静态面板模型回归结果（5）中，环境规制一次项系数在10%水平上显著为负，二次项系数在10%水平上显著为负，说明环境规制与产能利用率之间呈现倒"U"形的形态关系，该结论与刘建勇等（2018）的研究结论一致，也佐证环境规制对制造业产能利用率的影响存在强度"拐点"。在环境规制强度未达到拐点时，环境规制提高制造业产能利用率；当规制强度超越"拐点"时，环境规制强度降低制造业产能利用率。在引入被解释变量滞后一期项时，环境规制一次项及二次项系数依然为负，但并不显著。整体而言，环境规制的去产能作用主要体现在直接淘汰落后产能、促进"僵尸企业"退出市场，这种作用对中西部地区污染密集型企业更加显著（杜威剑，2019），并未在整体上起到有效地提升制造业产能利用率的作用，其原因可能是环境规制对制造业产能利用率的作用处于"挤出效应"阶段，环境规制对制造业产能利用率的作用由负转向正的转折点并未出现，还未显现出正向促进作用。在研究期内，我国制造业资本深化速度过快，对产能利用率的直接负向影响显著大于间接正向影响，因而造成环境规制对产能利用率的整体影响为负且不显著。

4.2.3.2　技术创新中介效应实证分析

通过构建中介效应结构方程模型（4－13）、模型（4－14）和模型

（4－15），来验证技术创新是否在环境规制和产能利用率之间起到了中介效应，并分析行业开放程度是否对技术创新的中介效应具有调节作用，得到表4－11。可以发现，回归结果（1）中环境规制系数在5%水平上显著为负，在回归结果（2）中环境规制系数在1%水平上显著为负数。回归结果（3）中，环境规制系数并不显著，且技术创新（lnyfb）系数在1%水平上显著为正，反映出技术创新（lnyfb）在环境规制与制造业产能利用率之间起到完全中介效应。该结论与刘建勇等（2018）、江小国（2019）等的文献研究结论一致。尽管技术创新在环境规制与产能利用率之间起到正向的中介效应（申晨等，2018），然而环境规制对清洁技术的影响并非呈现出单一正向特征，而是存在非线性门槛特点，并且受到经济发展阶段、所有制结构及企业规模的影响（刘传哲等，2019）。经济发展水平越高，环境规制对清洁技术的正向作用越明显；当国有资产比重超过门槛值时，环境规制对清洁技术的创新具有显著负向作用（董直庆和焦翠红，2015）。江珂等（2014）、李廉水等（2016）、王锋正等（2018）的研究表明，环境规制对制造业技术创新的整体水平影响不显著，对污染密集型制造业行业的技术创新水平的提升更明显，而对于清洁行业与清洁技术的正向作用不明显。

表4－11　　　　以技术创新为中介变量、以行业开放程度作为调节变量的回归结果

被解释变量	（1） ln$cuti$	（2） lnyfb	（3） ln$cuti$
lnreg	-0.021 ** （-2.31）	-0.483 *** （-6.42）	-0.014 （-1.35）
$cbfyl$	0.006 * （1.96）	0.042 * （1.71）	0.004 （1.50）
$hyjzd$	-0.014 （-0.83）	-0.813 *** （-6.06）	0.013 （0.79）
tzb	0.000 （0.54）	0.008 *** （2.84）	0.000 （0.33）

续表

被解释变量	(1) lncuti	(2) lnyfb	(3) lncuti
openness	0.000 (0.57)	0.009 *** (8.28)	0.003 * (1.75)
Growth	0.000 (0.50)	− 0.002 (− 0.36)	0.000 (0.58)
lnyfb			0.031 *** (4.29)
lnyfb_openness			− 0.000 (− 0.66)
lnreg_openness			0.001 * (1.93)
常数项	− 0.260 *** (− 3.41)	− 4.203 *** (− 6.77)	− 0.190 ** (− 2.22)
观测值（个）	304	304	304

注：***、**、* 分别代表在1%、5%和10%水平下显著；括号内为标准误。
资料来源：笔者计算整理得出。

尽管环境规制在一定程度上促进企业研发技术投入，但是环境规制对企业经营绩效的提升具有明显的滞后作用（颉茂华等，2014），影响企业长期的研发投入力度。因此，环境规制对技术创新的促进作用在低技术制造行业与污染密集型制造行业比较显著。随着技术创新投入水平的提高，进一步扩大污染密集型制造行业和低技术制造行业投资规模与固定资产投资水平，在一定程度上抵消环境规制对产能利用率的正向促进作用。环境规制与对外开放程度交互项在10%水平上显著，但是系数较小，技术创新与对外开放程度交互项并不显著，说明制造业行业对外开放程度对技术创新的中介效应起到了调节作用，而且对外开放程度与环境规制共同作用而影响技术创新，对技术创新作用于产能利用率的调节作用并不明显。

为更大力度地吸引外资，地方政府竞相进行环境"逐底竞争"。放松的环境规制为制造业对外开放程度的提升创造了便利条件，左右制造业行业技术创新的偏好与选择，阻碍制造行业清洁技术和高新技术的推广和使用，加剧污染密集型产业集聚。尽管外资流入带来先进的技术和管理经验，但是低端产业和同质化产业的快速集聚也削弱技术创新对产能利用率的促进作用。随着环境规制强度的提高和地方实际利用外资的水平到达一定程度，地方政府引入外资时，由注重实际利用外资数量逐渐转向偏好于注重高质量、环境友好型及技术密集型外资，环境规制引导高质量制造业"分流"，淘汰低端和资源环境损耗型制造业产业，加快传统制造业产业绿色转型和新兴产业的兴起，不仅直接提升产能利用率水平，而且还通过引导清洁技术和促进环保产业发展，提高资源配置效率，从而实现制造业产能过剩治理。

4.2.3.3 环境规制门槛效应实证分析

值得注意的是，上述实证研究中隐含了"环境规制与产能利用率之间存在着线性关系"的强假设条件。然而，沈能等（2012）、钟茂初等（2015）、邵帅（2019）及刘章生等（2018）的实证研究表明，环境规制对制造业绿色技术创新、产业结构升级及产能利用率具有非线性门槛效应。因此，本章以环境规制为门槛变量，先对环境规制进行门槛个数检验，检验门槛变量存在单一门槛、双门槛或三门槛的显著性，检验结果如表4-12所示。

表4-12 　　　　门槛特征检验结果（环境规制作为门槛变量）

门槛变量	门槛个数	F值	P值	1%	5%	10%	门槛值	95%置信区间
环境规制	单一门槛	24.58***	0.001	11.065	13.487	17.968	-7.717	[-0.079, -0.021]
	双重门槛	9.36	0.137	17.261	12.603	10.374		

注：表中数据均为采用"自举法"（Bootstrap）反复抽样1000次得到的结果；***、**、*分别代表1%、5%和10%显著性水平。

由检验结果可以看出，当以环境规制作为门槛变量时，单一门槛检验在1%水平下显著，拒绝没有门槛的假设。双门槛检验中P值为0.137，并不显著。因此，环境规制门槛效应检验应该接受模型存在单一门槛的假设。因此，当以环境规制作为门槛变量时，可以确定模型存在单一门槛值，为 - 7.717，在位于95%的置信区间内。

　　基于上述门槛个数的检验，借助面板门槛模型实证检验环境规制与制造业细分行业产能利用率之间的关系，回归结果如表4 - 13所示。由此可以发现，整体而言，当环境规制强度（lnreg）低于门槛值时，环境规制对制造业细分行业产能利用率的负向作用在1%水平上显著。当环境规制强度（lnreg）大于门槛值时，环境规制对制造业细分行业产能利用的负向作用在1%水平上显著，且系数绝对值变大，意味着环境规制强度大于门槛值时，环境规制对制造业细分行业的负向作用变大。由此可见，环境规制与制造业细分行业产能利用率之间确实存在着非线性关系。当环境规制强度较小时，环境规制对产能利用率的负向影响较小；当环境规制强度增大时，环境规制对产能利用率的负向作用变大，仍未出现促进制造业行业产能利用率上升的趋势，其原因可能是制造业行业结构以低技术和污染密集型制造业为主，随着环境规制强度的增大，环境规制对制造业企业"成本效应"显著，而"创新补偿"效应滞后，制造业企业成本上升，挤占技术创新投资，阻碍制造业整体的产业转型和技术革新，反而不利于制造业产能利用率上升。

表4 - 13　　　　以环境规制为门槛变量的面板固定效应回归模型估计结果

变量名称	估计值	t 值	P 值
lnyfb	0.033 ***	5.48	0.000
Hyjzd	0.018	1.54	0.141
Cbfyl	0.005	1.48	0.156
Tzb	0.0001	0.50	0.621
openness	0.0018 *	1.90	0.074
growth	0.0005	1.69	0.108
lnyfb_openness	- 0.000037	0.79	0.442
lnreg3_openness	0.00026 **	2.26	0.037
lnreg ≤ - 7.717	- 0.038 **	3.35	0.004
lnreg > - 7.717	- 0.050 **	3.64	0.002

　　注：表中数据均为采用"自举法"（bootstrap）反复抽样1000次得到；***、**、*分别代表1%、5%和10%的显著性水平。

　　随着环境规制体系不断完善，其作用日益凸显。尤其自 2006 年以来，环境绩效考核成为地方政府官员绩效考核重要指标。考虑政策施行的滞后性，本章以 2007 年为时间节点，将整体样本分为 2001～2006 年和 2007～2017 年两组样本，采用动态面板系统广义矩估计法（SYS_GMM）进行估计，来检验地方政府环境规制考核前后环境规制对制造业产能利用率影响的差异，其实证结果如表 4－14 所示。

表 4－14　　　以 2007 年为时间节点制造业细分行业动态面板回归结果

变量名称	（1）2001～2017 年	（2）2007～2017 年	（3）2001～2006 年
$L.\text{lncuti}$	0.510 *** (7.48)	0.539 *** (8.79)	0.835 *** (22.29)
lnreg	－0.047 （－0.60）	0.114 * (1.66)	－0.120 * （－1.96）
lnregsqu	－0.005 （－1.08）	0.005 (1.03)	－0.005 ** （－2.21）
yfb	－0.006 （－0.77）	－0.014 （－1.56）	0.089 *** (2.82)
hyjzd	－0.303 ** （－2.57）	－0.434 （－1.43）	0.178 (1.02)
lnreg_yfb	－0.001 （－0.73）	－0.002 （－1.51）	0.013 *** (3.29)
fixcapitalzh	0.000 (1.49)	－0.000 （－0.45）	0.000 (0.83)
lnreg_hyjzd	－0.037 ** （－2.49）	－0.053 （－1.36）	0.034 (1.39)
常数项	－0.097 （－0.28）	0.617 ** (2.13)	－0.537 （－1.54）
观测值（个）	304	209	76

　　注：***、**、*分别代表在 1%、5% 和 10% 水平下显著；括号内为标准误。
　　资料来源：笔者计算整理得出。

　　由此可以看出，2001～2006年，环境规制与制造业产能利用率之间呈倒"U"形关系，显现出环境规制对制造业产能利用率的影响呈现先促进后抑制的特征。2007～2017年，环境规制与制造业产能利用率之间呈"U"形关系，显现出环境规制对制造业产能利用率呈现先抑制后促进的特征。在地方政府环境绩效考核实施前，环境规制并未形成硬约束，环境规制对制造业产能利用率的边际作用比较显著。对于快速工业化过程中建设的非环境友好型与同质化工业产业，随着环境规制强度的提高，环境规制可以显著地提高制造业行业的产能利用率。当地方政府加强环境规制约束后，地方政府环境规制超过一定强度时，企业难以适应更加严格的环境规制标准和要求，无法及时调整生产规模和改进生产技术来提高生产效率，造成短期内的工业资源浪费和生产效率低下的现象，导致部分制造业行业产能利用率下降。在地方政府环境绩效考核实施后，环境规制逐渐成为硬约束，企业生产环境成本逐步提高，造成制造业环境壁垒和制造业调整"阵痛期"。随着环境规制硬约束的形成，加速淘汰环境质量不达标的企业，提高制造业行业市场集中度水平，造成制造业行业中下游企业的有效需求难以得到满足，影响制造业行业中下游企业生产效率，进一步降低制造业行业产能利用率水平。随着地方政府环境绩效考核和高强度环境规制趋严常态化，长期高强度的环境规制促进制造业行业的调整和优化、制造业内部上下游产业之间的调整和再造，并且环境友好型技术得到广泛应用，逐步提高资源利用率和生产效率，从而提高制造业产能利用率水平。

4.3　实证结果的进一步讨论

　　事实上，尽管环境规制强度相同，环境规制对产能利用率的影响也可能存在阶段性差别及地区和行业异质性。因此，本章按照时间维度、空间维度、行业污染程度及技术密集程度进行分组回归，讨论环境规制对产能利用率影响的异质性。

4.3.1　时间异质性

在"十一五"规划纲要中，中央政府首次将环境约束指标作为考核各地经济社会发展的硬指标①，对建设资源节约型和环境友好型社会作出重大部署。考虑环境经济政策实施效果的滞后性，本章以 2001～2017 年全国 30 个省份（不含我国西藏、香港、澳门及台湾地区）面板数据为基础，以 2007 年作为时间节点，将整体数据样本分为 2001～2006 年和 2007～2017 年两个分样本进行分组回归，估计结果如表 4-15 所示。

表 4-15　以 2007 年为时间节点的分组省际面板环境规制作用于工业产能利用率回归结果

变量名称	（1） 2001～2017 年	（2） 2001～2006 年	（3） 2007～2017 年
ln*pwf*	-0.097 ** (-2.02)	0.403 (0.83)	-0.086 * (-1.85)
ln*pwfsqu*	0.048 *** (3.93)	-0.039 (-0.49)	0.041 *** (3.31)
ln*RD*	0.001 (0.11)	-0.007 (-0.33)	-0.004 (-0.42)
industry	0.839 *** (3.27)	2.796 *** (2.61)	0.180 (0.44)
openness	-0.002 (-0.10)	-0.031 (-0.50)	0.062 * (1.78)
ln*zsgx*	0.160 ** (2.09)	0.138 (0.50)	0.211 ** (2.42)
market	-0.032 ** (-2.17)	-0.055 (-1.18)	-0.044 *** (-2.67)

---

① "十一五"规划纲要第一次将发展目标分为预期性指标和约束性指标，以及中组部将约束性指标纳入地方政府考核指标体系中（中央人民政府网站，http://www.gov.cn/zwhd/2006-10/13/content_411952.htm）。

续表

变量名称	(1) 2001～2017 年	(2) 2001～2006 年	(3) 2007～2017 年
invest_rate	−0.004*** (−5.41)	−0.002 (−1.46)	−0.002** (−2.14)
常数项	−0.876*** (−4.59)	−2.313** (−2.59)	−0.451 (−1.41)
观测值（个）	459	176	283

注：***、**、*分别代表在 1%、5% 和 10% 水平下显著；括号内为标准误。
资料来源：笔者计算整理得出。

由实证结果可知，在 2001～2006 年样本组中，环境规制二次项系数为负，一次项系数为正，二者之间呈现倒"U"形形态关系，但是环境规制一次项和二次项系数均不显著。这说明随着环境规制强度的提升，环境规制对产能利用率起到先提升后降低的作用，但在样本期间这种作用还不显著。在环境绩效并未纳入地方政府官员考核体系中，地方政府政绩考核以 GDP 为核心，激励地方政府官员以牺牲环境为代价进行招商引资竞赛。因此，环境规制并不能够起到淘汰污染密集型的落后产能和过剩产能，无法发挥引导工业产业绿色转型的作用。在 2007～2017 年样本组中，环境规制二次项系数在 1% 水平上显著为正，一次项系数在 10% 水平上显著为负，说明随着环境规制强度的增大，环境规制对工业产能利用率的作用呈现出先削弱后提升的"U"形关系。这反映出随着环境绩效融入地方政府官员绩效考核体系中，地方政府政绩考核转变成为在实现环境约束指标的前提下促进经济增长，引导地方政府强化绿色经济发展。环境规制强度的增大，逐步形成地区招商引资的环境硬约束，而且成为引导地方政府促进经济绿色发展的重要"风向标"和企业提高自身竞争力的重要衡量标准。

4.3.2　地区异质性

为验证环境规制对工业产能利用率影响的区域间差异，将 30 个省份划分为东部区域与中西部区域两组样本①，进行分组回归，实证结果如表 4 - 16 所示。由 4 - 16 可知，东部地区环境规制一次项系数在 5% 水平上显著为正，环境规制二次项系数在 5% 水平上显著为正，说明在东部经济发达地区，环境规制与工业产能利用率之间呈现 "U" 形形态关系；并且，环境规制对工业产能利用率具有显著的促进作用，也间接地说明在东部经济发达地区，地区开放程度和企业绿色技术创新水平较高，已经显现出环境规制对工业产能利用率水平的提升效果。在东部地区，市场开放程度、实际利用外资水平和经济发展水平增高，工业技术较先进，拥有较为先进的绿色生产技术、龙头企业和环境友好型新兴产业。因此，工业产业区域间转移带来的经济成本和社会成本较小，在先进的技术支持下，地区产业结构调整和产业绿色转型周期较短，环境绩效和工业产业转型升级可以同时实现。随着环境规制强度的提高，"创新补偿效应"显著，环境规制引导工业产业调整和绿色转型的效果显著，在一定程度上提高产能利用率。

表 4 - 16　　　　全样本、东部地区以及中西部地区样本组面板数据回归结果

变量名称	（1） 全国层面	（2） 东部地区	（3） 中西部地区
ln*wrzl*	0.043 (1.04)	2.377** (2.25)	− 0.013 (− 0.02)
ln*wrzlsqu*	0.019** (2.44)	0.266** (2.23)	0.016 (0.18)
ln*RD*	0.004 (0.35)	− 0.012 (− 0.73)	0.006 (0.35)
industry	0.538 (1.62)	0.054 (0.07)	1.119** (2.03)

---

①　本章将 30 个省份划分为东部与中西部两组样本。其中，东部地区省份包括北京、天津、河北、辽宁、上海、江苏、浙江、福建、山东、广东、海南；中部地区省份包括山西、内蒙古、吉林、黑龙江、安徽、江西、河南、湖北、湖南；西部地区省份包括重庆、四川、贵州、云南、西藏、陕西、甘肃、宁夏、青海、新疆、广西。

续表

变量名称	(1) 全国层面	(2) 东部地区	(3) 中西部地区
openness	0.042 (1.47)	0.169 ** (2.13)	0.062 * (1.75)
lnzsgx	0.342 *** (4.34)	0.304 (1.33)	0.381 *** (2.89)
market	−0.048 *** (−2.95)	−0.046 * (−1.97)	−0.070 ** (−2.09)
invest_rate	−0.004 *** (−4.80)	−0.005 ** (−2.29)	−0.004 *** (−2.73)
常数项	−0.922 *** (−3.35)	5.169 ** (2.17)	−1.255 (−0.73)
观测值（个）	373	127	145

注：***、**、*分别代表在1%、5%和10%水平下显著；括号内为标准误。
资料来源：笔者计算整理得出。

　　而在中西部地区，环境规制二次项系数为正，一次项系数为负但并不显著，说明中西部地区环境规制对工业产能利用率的影响呈"U"形形态关系，环境规制对工业产能利用率的提升作用并不明显，并且环境规制与工业产能利用率之间的关系仍处于"不可融合"的负向关系阶段。该结论与原毅军等（2019）的研究结论一致。在中西部地区，环境规制治理产能过剩，主要通过淘汰不符合环境规制硬约束的落后产能。而对于中西部地区，经济发展水平较低，工业产业创新技术水平和创新能力较为落后，尤其是绿色创新技术水平较低。由于承接东部地区产业转移，在一定程度上推动中西部地区工业生产技术的更新改造，则其更早到达"U"形曲线的"门槛值"，能够一定程度上实现制造业转型升级。在环境规制逐步形成硬约束情形下，中西部地区面临着追求经济增长、环境质量改善和推动工业产业绿色调整的多重任务。随着环境规制强度的增加，工业企业增加生产成本，挤占用于绿色技术和生产流程改进的投资；同时，环境规制强度的提高，强化了市场对绿色低碳产品的认可度，进一步削弱非绿色产品的竞争优势，减少市场对非绿色产品的需求量。因此，在中西部地区，随着环境规制强度的增强，环境规制对中西部地区工业企业的"挤出效应"显著，环境规制促进绿色技术创新水平仍处于"U"形曲线的左侧，阻碍产业结构调整和工业绿色转型，不利于中西部地区发展方式的转变，从而导致增强的环境规制并不利于中西部地区产能利用率的提升。

4.3.3 行业异质性

上述基于制造业行业面板数据的研究表明，环境规制对制造业行业产能利用率具有先抑制后促进的影响，现阶段难以同时实现环境治理和产能利用率提升双赢的目标。然而，环境规制对污染密集程度不同和技术密集程度不同的制造业行业的影响存在差异（韩国高，2017）。因此，本章结合已有研究成果，按照污染密集度和技术密集度两个维度，将制造业全样本分为污染密集型制造业和清洁型制造业、中高技术制造业和低技术制造业，进行分组回归分析。

4.3.3.1 污染密集型制造业和清洁型制造业回归分析

本章参照童健等（2016）的研究中关于行业划分的标准，将制造业19个细分行业划分为污染密集型行业和清洁行业两个样本组①，进行实证分析。对于污染密集型制造业行业样本组，环境规制一次项系数在5%水平上显著为负，二次项系数在1%水平上显著为负，说明环境规制与制造业行业产能利用率之间呈现倒"U"形关系，环境规制对产能利用率起到了先促进后抑制的作用。并且，污染密集型制造业行业环境规制强度已超过了"拐点"，环境规制在一定程度上降低了污染密集型制造业行业的产能利用率。环境规制对产能利用率的积极影响存在一定的有效区间，

---

① 污染密集型行业包括化学原料制造业、化学纤维制造业、有色金属制造业、石化炼焦行业、纺织业、造纸和纸制品业、黑色金属制造业。清洁型制造业行业包括专用设备制造业、交通运输设备制造业、仪器仪表制造业、农副食品加工业、烟草加工业、电子及通信设备制造业、电气机械及器材制造业、通用设备制造业、食品制造业、饮料制造业。

并非环境规制强度越高对产能利用率的提升越有利。随着环境规制强度的提高，促进污染密集型制造业资源利用效率提升和减少过度投资，在一定程度上压缩污染密集型制造业的生产规模，起到了提高产能利用率的作用。但是，对于污染密集型制造业行业而言，如果环境规制强度超过阈值区间范围，加速了污染密集型制造业衰败，短期内造成大量污染密集型制造业企业关停，并且无法促进企业绿色创新水平的提高，反而对产能利用率产生一定的负面影响。

在清洁型制造业样本组中，环境规制二次项系数在 10% 水平上显著为负，一次项系数为负（但并不显著），说明环境规制与制造业产能利用率之间同样存在着倒 "U" 形关系；并且，环境规制对清洁型制造业产能利用率的抑制作用并不显著。清洁型制造业行业对环境规制强度的提高不明显，环境规制引导资本流向清洁型制造业行业，"挤出效应" 对清洁型制造业行业负面影响较小。这一结论与余东华等（2017）的研究结论一致。对于高技术行业为主的轻度污染行业而言，尽管环境规制对技术创新一直存在负面影响，但是随着环境规制强度的增加，环境规制对技术创新的负面影响减弱，产生显著的创新补偿效应。长期看来，环境规制趋紧不会制约制造业技术创新提升，反而会促进企业加大企业研发投入，使用先进绿色技术，提升企业创新能力和国际竞争力。鞠可一等（2020）探索环境规制在促进环境治理和经济发展 "双赢" 的研究中，实证研究表明环境规制对工业细分行业绿色全要素生产率的影响显现出行业异质性，且处于不同的阶段；其中，重度污染型工业行业环境规制与绿色全要素生产率之间呈倒 "U" 形关系，而且重度污染型行业环境规制已经跨过拐点处于抑制绿色全要素生产率阶段；中度和轻度污染型行业环境规制与绿色全要素生产率呈 "U" 形关系；中度污染型工业行业还未跨过拐点，有待进入激励全要素生产率阶段，而轻度污染型行业已经跨过拐点处于激励全要素生产率阶段。因此，尽管环境规制不断加强，环境规制对清洁型制造业行业的负面影响较为微弱，反而适度的环境规制在一定程度上促进清洁型制造业行业提升技术创新能力和国际竞争力（余东华和胡亚男，2016），有助于提升产能利用率。

污染密集型制造业行业与清洁型制造业行业分组回归结果如表4-17所示。

表4-17 污染密集型制造业行业与清洁型制造业行业分组回归结果

变量名称	(1) 全样本	(2) 污染密集型行业	(3) 清洁型行业
lnreg	-0.104* (-1.80)	-0.316** (-2.31)	-0.120 (-1.48)
lnregsqu	-0.008** (-2.04)	-0.025*** (-3.05)	-0.010* (-1.86)
yfb	-0.019 (-1.35)	0.017 (0.44)	-0.017 (-0.86)
hyjzd	-0.035** (-2.06)	-0.156** (-2.16)	-0.043** (-2.07)
lnreg_yfb	-0.003 (-1.44)	0.002 (0.46)	-0.003 (-0.95)
fixcapitalzh	0.000*** (3.25)	0.000*** (3.59)	0.000** (2.31)
常数项	-0.404* (-1.74)	-1.051* (-1.77)	-0.356 (-1.10)
观测值(个)	323	119	204

注：***、**、*分别代表在1%、5%和10%水平下显著；括号内为标准误。
资料来源：笔者计算整理得出。

4.3.3.2 中高技术制造业和低技术制造业分组回归分析

绿色技术创新成为环境规制约束下制造业绿色转型的重要路径，并且环境规制对制造业结构转型升级、带动制造业行业走向"清洁化"发挥积极效果（郭晓蓓，2019）。自1968年经济合作与发展组织（OECD）提出采用研发密集度划分产业的技术层次以来①，该划分方法得到广泛应用。但是，在实践中该划分方法却逐渐暴露出单一性和片面性等缺点，忽视了研发人员素质和产品创新等重要的评价指标。因此，本章借鉴高

---

① OECD根据12个OECD国家的平均研发强度数据将制造业分为高技术、中高技术、中低技术和低技术产业四类。

洪成等（2012）、王伟光等（2015）研究中的划分方法，以研发强度、研发人员素质和产品创新程度 3 个指标作为高中低技术产业界定的标准，将制造业 19 个细分行业划分为中高技术行业和低技术行业[①]，分为两组样本分别进行实证研究，实证回归结果如表 4 - 18 所示。对于表 4 - 18（2）中高技术的制造业行业样本组而言，环境规制一次项和二次项系数都在 1% 水平上显著为正，环境规制与中高技术制造业产能利用率之间呈现明显的 "U" 形关系，并且环境规制显著促进中高技术制造业行业产能利用率水平的提升，与马轶群（2017）的研究结论一致。而对于（3）低技术行业而言，环境规制二次项系数和一次项系数都在 1% 水平上显著为负，反映出环境规制与低技术制造业细分行业之间呈现明显的倒 "U" 形关系，并且环境规制显著地抑制低技术制造业行业的产能利用率，不利于其产能过剩的治理。因此，中高技术制造业和低技术制造业与环境规制强度之间的关系存在差异，在借助环境规制工具来提升制造业产能利用率时，需要适度调整环境规制的强度，积极促进制造业产能利用率提升。

表 4 - 18　　　　　　　中高技术与低技术制造业行业实证回归结果

变量名称	（1）全样本	（2）中高技术制造业	（3）低技术制造业
lnreg	- 0. 104 * （- 1. 80）	1. 519 *** （5. 68）	- 0. 159 *** （- 2. 80）
ln$regsqu$	- 0. 008 ** （- 2. 04）	0. 073 *** （4. 40）	- 0. 012 *** （- 2. 97）
yfb	- 0. 019 （- 1. 35）	- 0. 181 * （- 1. 92）	- 0. 009 （- 0. 55）
$hyjzd$	- 0. 035 ** （- 2. 06）	- 0. 255 *** （- 5. 72）	- 0. 030 * （- 1. 69）

———————

①　低技术行业包括农副食品加工制造业、化学原料制造业、化学纤维制造业、烟草加工业、石化炼焦业、纺织业、造纸和纸制品业、食品制造业、饮料制造业、黑色金属制造业、金属制造业、有色金属制造业。中高技术行业包括专用设备制造业、仪器仪表制造业、医药制造业、电子及通信设备制造业、电气设备及器材制造业、通用设备制造业。

续表

变量 名称	(1) 全样本	(2) 中高技术制造业	(3) 低技术制造业
lnreg_yfb	−0.003 (−1.44)	−0.023* (−1.70)	−0.001 (−0.61)
fixcapitalzh	0.000*** (3.25)	−0.000 (−0.16)	0.000*** (3.79)
常数项	−0.404* (−1.74)	7.368*** (7.01)	−0.570*** (−2.62)
观测值（个）	323	102	204

注：***、**、*分别代表在1%、5%和10%水平下显著；括号内为标准误。

资料来源：笔者计算整理得出。

第 **5** 章

特定因素与环境规制的交互影响作用于产能过剩的分析

在地方政府主导的市场经济中，地方政府行为对经济增长、市场秩序重构社会发展和环境治理产生了重要的影响（周业安，2004；周业安和冯兴元，2004；付强等，2011）。在以财政分权和政治集权为特征的中国式分权模式下，地方政府竞争对环境规制偏好、执行强度及环境治理投资具有重要作用（闫文娟，2012；李胜兰等，2014；赵霄伟，2014；张华，2016）。在经济增长绩效和环境质量改善难以实现双赢的情形下，地方政府经济增长目标无疑也对经济增长、基础设施投资和环境治理产生了重要影响（王贤彬和黄亮雄，2019；彭冲和陆铭，2019；刘丹鹤和汪晓辰，2017）。基于此，本章从地方政府竞争和地方政府经济增长目标两个视角，研究二者与环境规制的交互作用对产能过剩的影响。

5.1 地方经济增长目标的交互影响及实证分析

发展规划体现了国家发展的战略方向，对经济发展具有重大意义。

发展规划中所提出的经济增长目标，更是对政府行为具有不可忽视的作用。自分税制改革以来，经济增长目标作为地方政府经济发展重要参考和地方政府官员考核的重要标尺，对地方政府经济发展行为具有引导作用，自然引起学界的研究兴趣。

不可否认的是，在中国式分权模式下，经济增长目标在引导地方经济发展方向，激励地方官员以提供良好的公共物品、制度环境和加大技术创新投入等方式吸引外商直接投资，带动地区经济增长方面发挥了重要作用。研究者开始反思经济增长目标对经济可持续发展的作用，并采用定性和定量的方法来论证经济增长目标对经济增长、产业结构产生的积极或消极影响。张维迎（2015）提出，GDP 增长目标是计划经济时代的产物，带来诸多问题，必须及时废除。定性判断实际上忽视了经济增长目标发挥积极作用的一面，同时也混淆了经济增长目标对经济发展的影响与经济增长目标作用于地方政府行为间接地作用于经济发展之间的差异。换言之，单方面肯定或否定经济增长目标对经济发展的影响都是片面的，必须考虑经济增长目标对地方经济发展的直接与间接影响。在采用实证研究的研究中，实证研究结论显示，经济增长目标抑制了教育和科技等公共服务支出，扭曲了人力资本和技术进步停滞（Dayong et al.，2019），导致了产业结构升级受阻，阻碍了长期可持续发展（徐现祥，2014，2017；余泳泽，2019）。

然而，值得注意的是，发展规划并不是中国所独有，并且改革开放以来政府制定的发展规划并非一成不变。在"十一五"规划纲要中，中央政府首次将单一性经济增长目标转变为预期性经济增长指标和环境约束性指标，中组部将约束性指标纳入地方政府考核指标体系中，这意味着中央政府目标、地方政府目标及地方政府官员绩效考核相挂钩，以经济增长目标引导地方政府行为、促进地方经济绿色发展。实证研究表明，经济增长目标也对经济增长具有明显的带动作用。刘淑琳和王贤彬（2019）对经济增长目标是否对地区投资具有显著的促进作用进行实证分析，实证结果表明，在 2001～2016 年经济增长目标每提高 1%，地区投资显著提升 0.44%，并且这种投资促进作用具有明显的时间异质性和地区异质性。实际上，该研究在一定程度上肯定了经济增长目标通过带动地区投资，有效地拉动了地区经济增长的作用；同时，也从侧面反映出经济增长目标对经济增长的影响存在异质性和不确定性。因此，在绿色发展背景下，经济增长目标如何更好地与环境经济政策融合，共同推动工业产业绿色发展，促进地区工业产业产能利用率提升，成为新发展阶段地方政府带动地区经济发展的重要问题。

结合本章研究，经济增长目标是否对各地区工业产能利用率产生积极或消极的影响、经济增长目标是否对环境规制作用于产能利用率具有交互影响及是否存在异质性，都有待于进一步论证。因此，本节通过构建计量经济模型，引入省级层面的地方政府经济增长目标指标及环境规制与经济增长指标的交互项，研究经济增长目标与工业产能利用率之间的形态关系，经济增长目标是否对地区工业产能利用率产生了影响，并且进一步论证经济增长目标对环境规制作用于产能利用率是否具有一定的交互影响。

5.1.1　计量模型设定与变量说明

5.1.1.1　计量模型设定

本章先设定基准回归模型（5-1），逐渐引入经济增长目标（eco_goal）及其二次项（eco_goalsque）得到回归方程（5-2）。在此基础上，进一步引入环境规制（lnpwf）与经济增长目标（eco_goal）二者的交互项（lnpwf_ecogoal），反映环境规制与地方政府经济增长目标之间的交互作用，得到回归模型（5-3）。

$$\ln cuti_{it} = \beta_0 + \beta_1 \ln pwf_{it} + \beta_2 \ln pwfsqu_{it} + \beta_3 \ln RD_{it} + \beta_4 industry_{it}$$
$$+ \beta_5 openness_{it} + \beta_6 \ln zsgx_{it} + \beta_7 market_{it} + \beta_8 invest\_rate_{it}$$
$$+ \mu_i + \eta_t + \varepsilon_{it} \qquad (5-1)$$

$$\ln cuti_{it} = \beta_0 + \beta_1 \ln pwf_{it} + \beta_2 \ln pwfsqu_{it} + \beta_3 \ln RD_{it} + \beta_4 eco\_goal_{it}$$
$$+ \beta_5 eco\_goalsqu_{it} + \beta_6 industry_{it} + \beta_7 openness_{it} + \beta_8 \ln zsgx_{it}$$
$$+ \beta_9 market_{it} + \beta_{10} invest\_rate_{it} + \mu_i + \eta_t + \varepsilon_{it} \qquad (5-2)$$

$$
\begin{aligned}
\ln cuti_{it} = {} & \beta_0 + \beta_1 \ln pwf_{it} + \beta_2 \ln pwfsqu_{it} + \beta_3 \ln RD_{it} + \beta_4\, eco\_goal_{it} \\
& + \beta_5\, eco\_goalsqu_{it} + \beta_6 \ln pwf\_ecogoal_{it} + \beta_7\, industry_{it} \\
& + \beta_8\, openness_{it} + \beta_9 \ln zsgx_{it} + \beta_{10} market_{it} + \beta_{11} invest\_rate_{it} \\
& + \mu_i + \eta_t + \varepsilon_{it}
\end{aligned}
\tag{5-3}
$$

其中，eco_goal、$eco\_goalsqu$、$\ln pwf\_ecogoal$ 分别为经济增长目标、经济增长目标二次项及环境规制与经济增长目标交互项。β_i 为各变量回归系数（$i = 1, 2, 3, \cdots, n$）。μ_i、η_t 分别代表个体固定效应和时间固定效应，ε_{it} 为随机误差项。

5.1.1.2 变量说明及数据来源

1. 被解释变量

被解释变量为产能过剩（$\ln cuti_{it}$），采用地区工业产能利用率取对数衡量。产能利用率越高，产能过剩越严重。与上述研究相同，产能利用率数据的测算主要参考张少华和蒋伟杰（2017）的研究方法进行计算，运用我国 30 个省份的投入产出基础数据，借助 GAMS 软件对 2001~2016 年的工业企业产能利用率进行估算。由于各地区 2017 年度基础数据缺失，本章采用插值法根据趋势外推一期，来补充缺失值。

2. 核心解释变量

经济增长目标（eco_goal）是各省级（或地级市）政府为促进地方经济发展，参考中央政府（或省级政府）经济增长目标而制定的经济发展目标。在经济增长目标和数据选择方面，现有研究主要分为省际层面经济增长目标和地级市层面经济增长目标。以地级市经济增长目标作为经济增长目标的指标的文献认为，相对于省级政府，市县级政府所承担的地方经济的职能更加突出（余泳泽和杨晓章，2017；余泳泽等，2019）。但是，这种经济增长目标指标不可避免地倾向于经济预期目标，忽视了发展规划中的经济增长指标的综合性及经济增长目标与资源环境约束性目标之间的内在联系。考虑各省级经济增长目标对地级市经济增长目标的重要参考价值、省级经济增长目标综合性及数据连续性，本章参照王贤彬等（2019）的研究，将省级经济增长目标作为衡量经济增长目标的重要指标，基础数据来源于万得数据库（Wind）和各省政府工作报告。

环境规制（$lnpwf_{it}$）和地方政府竞争（zfz_{it}）及二者交互项（$lnpwf\_zfz$）为核心解释变量。环境规制（$lnpwf_{it}$）用来衡量地区环境规制强度，和前述章节一致，先采用工业企业排污缴纳排污税费占地区工业生产总值取对数作为市场激励型环境规制工具的指标，在稳健性检验部分将地方政府环境污染治理投资占地区工业生产总值比重取对数、地方政府环境设施运行费用占地区工业生产总值取对数作为替代指标。$lnpwfsqu_{it}$为环境规制指标二次项，用来捕捉环境规制产能过剩之间的非线性关系。$lnpwf_{it}$为市场激励型环境规制指标，采用各地区工业企业排污费缴纳额占地区工业生产总值比重取对数衡量。各地区年度排污费数据来源于《中国环境统计年鉴》，地区工业生产总值来源于《中国工业统计年鉴》。

此外，经济增长目标二次项（eco_goalsq）是由经济增长目标（eco_goal）交乘所得。经济增长目标（eco_goal）与环境规制（$lnpwf$）交互项（$lnpwf\_ecogoal$）是由经济增长目标（eco_goal）和环境规制（$lnpwf$）交乘所得。

3. 控制变量

技术创新（$lnRD$）采用地区研发投入与地区生产总值比取对数来衡量，数据来源于《中国科技统计年鉴》。实证研究表明，技术创新水平越高，越有助于提升工业产能利用率，越有助于化解产能过剩（李后建和张剑，2017）。地区研发投入来自于万得数据库平台（Wind）和《中国科技统计年鉴》。产业结构（$industry$）采用地区工业总产值与地区生产总值比重来衡量，地区生产总值来自于《中国统计年鉴》。地区开放程度（$openness$）采用地区实际利用外资额与地区生产总值比重取对数表示，数据来源于《中国贸易外经统计年鉴》。政商关系（$lnzsgx$）反映一地区政府与企业之间关系的健康程度，采用地区政商关系得分对数表示，数据来源于 Wind 数据平台《中国市场化指数》。市场化程度（$market$）反映各地区市场程度。市场成熟度越高，要素配置效率越高，越有助于化解产能过剩，提高产能利用率水平。地区政府投资水平（$invest\_rate$）采用地方政府投资占地区生产总值比重取对数表示，各地区年度投资值采用地区固定资产投资增长率表示。经济增长目标（eco_goal）为各地区省级层面的经济预期增长目标，数据来源于万得（Wind）数据库。各变量描述性统计如表5-1所示。

表5-1 变量描述性统计

变量名称	变量符号	计算方法	观测值（个）	均值	标准差	最小值	最大值
产能过剩	lncuti	产能利用率取对数	510	-0.52	0.340	-1.77	0.00
环境规制	lnpwf	单位工业产值排污费取对数	506	2.23	0.796	-1.20	4.52
环境规制二次项	lnpwfsqu	单位工业产值排污费取对数平方	506	5.61	3.320	0.00	20.39
经济增长目标	eco_goal	省级政府经济增长目标	508	9.85	1.543	6.00	15.00
经济增长目标二次项	eco_goalsqu	省级政府经济增长目标平方	508	99.38	31.641	36.00	225.00
环境规制与经济增长目标交互项	lnpwf_ecogoal	环境规制指标乘以经济增长目标指标	506	22.11	8.655	-9.63	45.29
技术创新	lnRD	单位工业产值研发投入取对数	506	-3.77	1.461	-9.68	-0.62
产业结构	industry	工业产值占地方生产总值比重	507	0.39	0.080	0.12	0.53
地区开放水平	openness	地区实际利用外资数占地区生产总值比	497	-4.06	1.004	-7.29	-1.92
政商关系	lnzsgx	地区政商关系指数	498	1.90	0.271	0.39	2.37
市场化水平	market	地区市场化水平指数	509	6.18	1.870	2.37	11.71
投资水平	invest_rate	固定资产投资增长率	467	32.83	15.873	1.00	78.00

资料来源：笔者计算整理得出。

5.1.2 实证结果与分析

5.1.2.1 全样本回归结果与分析

本章通过构建计量经济模型，采用Stata15分别对未引入经济增长目标（eco_goal）指标、引入经济增长目标（eco_goal）及其二次项（eco_goalsqu），以及引入经济增长目标与环境规制交互项（lnpwf_ecogoal）的回归方程进行实证分析，如表 5 - 2 所示，依次得到实证结果（1）、回归结果（2）和回归结果（3）。

表 5 - 2　　　　经济增长目标及其与环境规制交互作用对产能
利用率影响回归结果

变量名称	(1)	(2)	(3)
lnpwf	- 0. 097 ** (- 2. 02)	- 0. 087 * (- 1. 89)	- 0. 168 * (- 1. 71)
ln$pwfsqu$	0. 048 *** (3. 93)	0. 045 *** (3. 81)	0. 043 *** (3. 55)
lnRD	0. 001 (0. 11)	0. 003 (0. 39)	0. 004 (0. 47)
$industry$	0. 839 *** (3. 27)	1. 620 *** (5. 86)	1. 613 *** (5. 84)
$openness$	- 0. 002 (- 0. 10)	0. 009 (0. 44)	0. 007 (0. 33)
ln$zsgx$	0. 160 ** (2. 09)	0. 179 ** (2. 44)	0. 177 ** (2. 42)
$market$	- 0. 032 ** (- 2. 17)	- 0. 022 (- 1. 60)	- 0. 024 * (- 1. 69)
$invest\_rate$	- 0. 004 *** (- 5. 41)	- 0. 003 *** (- 3. 43)	- 0. 003 *** (- 3. 51)
eco_goal		- 0. 396 *** (- 5. 39)	- 0. 401 *** (- 5. 45)
$eco\_goalsqu$		0. 017 *** (4. 91)	0. 016 *** (4. 56)
ln$pwf\_ecogoal$			0. 009 (0. 93)
常数项	- 0. 876 *** (- 4. 59)	0. 960 ** (2. 46)	1. 089 *** (2. 63)
观测值（个）	459	459	459

注：*** 、** 、* 分别代表在 1% 、5% 和 10% 水平下显著；括号内为标准误。
资料来源：笔者计算整理得出。

由实证结果可知，在模型（1）、模型（2）和模型（3）中环境规制（lnpwf）一次项系数显著为负，并且环境规制二次项（lnpwfsqu）系数在1%水平上显著为正，就全国层面而言，环境规制（lnpwf）与各地区工业产能利用率之间呈现"U"形形态关系，随着环境规制强度的增大，环境规制对产能利用率起到了先抑制后促进的作用。在回归结果（2）和回归结果（3）中，经济增长目标二次项（eco_goalsqu）系数在1%水平上显著为正，经济增长目标（eco_goal）与地区工业产能利用率之间呈现"U"形的形态关系，反映经济增长目标对产能利用率起到了先抑制后促进的作用，也进一步证实了经济增长目标和产能利用率之间并非简单的线性相关关系。经济增长目标（eco_goal）一次项系数均在1%水平上显著为负，经济增长目标（eco_goal）在一定程度上先降低工业产能利用率，对产能利用率提升具有消极影响。只有经济增长目标超过拐点时，经济增长目标才可以达到提升产能利用率的效果。经济增长目标对工业产能利用率的提升作用存在"阈值"范围。由结果（3）可知，环境规制（lnpwf）和经济增长目标（eco_goal）交互项（lnpwf_ecogoal）系数为正数，但是并不显著，经济增长目标与环境规制的交互作用对产能利用率起到了正向促进作用，但不显著，反映出经济增长目标中环境绩效目标作用的逐渐加强，由单一的经济增长预期目标逐渐融入约束型环境规制指标，地方政府经济增长目标更加注重资源环境约束和绿色发展，可以在一定程度上起到提升产能利用率的作用，从而实现环境治理和产能利用率提升双赢的目标，促进工业产业绿色发展和经济高质量发展。

5.1.2.2　分组回归结果：以2007年为时间节点

在实践中，经济增长目标并非一成不变，且经济增长预期目标与环境约束性目标紧密相连。赵霄伟（2014）在论证地方政府竞争对环境规制的影响时，认为地方政府间的环境规制竞争并非是全局性的问题，而是局部性问题，故而该文献以科学发展观提出时间节点（2003年）为依据，进行分样本回归。结合本研究，考虑到中央政府首次在"十一五"纲要中将经济增长目标分为预期经济指标和环境约束性指标，并且中组部将约束型指标纳入地方政府官员绩效考核指标体系之中，旨在将经济增长目标、地方官员绩效考核和官员行为挂钩，引导地方政府积极推动工业经济高质量发展。因此，考虑经济增长目标内涵的变化及经济政策的时滞效应，本章以 2007 年为时间节点，分 2001～2006 年和 2007～2017 年两组样本来论证经济增长目标及其与环境规制交互项对工业产能利用率的影响，实证结果如表 5 − 3 所示。

表 5 − 3　　　　　以 2007 年为时间节点的分样本回归结果

变量 名称	（1） 2001～2017 年	（2） 2001～2006 年	（3） 2007～2017 年
lnpwf	− 0. 168 * （− 1. 71）	0. 073 （0. 10）	− 0. 008 （− 0. 08）
ln$pwfsqu$	0. 043 *** （3. 55）	− 0. 044 （− 0. 54）	0. 036 *** （3. 00）
eco_goal	− 0. 401 *** （− 5. 45）	− 0. 483 * （− 1. 91）	− 0. 346 *** （− 4. 35）
$eco\_goalsqu$	0. 016 *** （4. 56）	0. 015 * （1. 86）	0. 015 *** （3. 87）
ln$pwf\_ecogoal$	0. 009 （0. 93）	0. 040 （0. 60）	− 0. 006 （− 0. 66）
lnRD	0. 004 （0. 47）	− 0. 007 （− 0. 30）	− 0. 002 （− 0. 24）
$industry$	1. 613 *** （5. 84）	2. 865 *** （2. 66）	1. 439 *** （3. 24）
$openness$	0. 007 （0. 33）	− 0. 039 （− 0. 64）	0. 086 ** （2. 55）
ln$zsgx$	0. 177 ** （2. 42）	0. 316 （1. 11）	0. 176 ** （2. 12）
$market$	− 0. 024 * （− 1. 69）	− 0. 028 （− 0. 58）	− 0. 042 *** （− 2. 68）
$invest\_rate$	− 0. 003 *** （− 3. 51）	− 0. 002 （− 1. 14）	− 0. 001 （− 0. 98）

续表

变量名称	（1） 2001～2017 年	（2） 2001～2006 年	（3） 2007～2017 年
常数项	1.089 *** (2.63)	0.210 (0.10)	1.096 ** (2.32)
观测值（个）	459	176	283

注：***、**、*分别代表在1%、5%和10%水平下显著；括号内为标准误。
资料来源：笔者计算整理得出。

　　由实证结果可知，在分样本回归中，经济增长目标对产能利用率的影响与全样本回归结果一致。在 2001～2006 年和 2007～2017 年两个分样本回归结果中，经济增长目标指标二次项系数显著为正，与全样本回归结果相同，在两个分样本中，经济增长目标与工业产能利用率之间依然呈现"U"形关系。在两个分样本回归结果中，经济增长目标一次项系数显著为负，反映在研究样本时间段内经济增长目标显著地降低工业产能利用率水平。两个分样本中经济增长目标一次项系数绝对值存在差异，且回归结果（2）中经济增长目标一次项系数绝对值大于回归结果（3）中经济增长目标一次项系数绝对值，说明在 2001～2006 年样本组中，以单一的经济增长速率预期目标更显著地降低了工业产能利用率。在 2007～2017 年样本中，当单一的经济增长速率预期目标转变成为经济增长速率预期目标和环境约束性目标并存时，该指标与地方政府绩效考核相挂钩，在一定程度上缓解了经济增长目标所产生的负面影响。

　　在全样本组（1）回归中，经济增长目标与环境规制的交互项为正（并不显著），反映在整体层面，经济增长目标和环境规制之间呈现"相辅相成"的关系。在分样本回归中，经济增长目标对环境规制作用于产能利用率的调节作用存在差异。其中，在分样本组（2）中，二者之间的关系与整体样本中一致，经济增长目标与环境规制交互作用正向作用于产能利用率。而在分样本组（3）中，经济增长目标与环境规制交互项系数为负数（不显著），反映了经济增长目标和环境规制之间存在负向交互效应，二者之间存在"相互掣肘"关系，经济增长目标与环境规制交互作用负向作用于工业产能利用率。

5.2　地方政府竞争的交互影响及实证分析

在中国特色的分权模式下，地方政府竞争行为对地方环境规制的制定、类型偏好及执行强度等具有重要的影响。尽管研究者就地方政府竞争对地区经济增长、环境治理、技术创新及产业发展影响的研究颇多，但是地方政府竞争对经济社会的影响具有双重效应，"帮扶之手"与"攫取之手"难下定论（张晖，2011）。值得注意的是，多数研究论证得出地方政府竞争对经济绿色发展和产业升级产生不良影响的结论，是以"怪兽模型"（Leviathan model）和被扭曲的 GDP 竞争标尺为理论前提的。

然而，在环境规制强约束和地方政府竞争标尺转变后，地方政府间的竞争未必形成"逐底竞争"，也存在促进产业结构合理和优化的可能性。张骞等（2019）研究发现，地方政府通过环境规制引导产业结构合理化，实现了环境治理与经济增长双赢的目标，并且环境规制具有明显的空间溢出效应，促使周边地区模仿，引导地方政府间"逐顶竞争"来促进产业结构合理化。在转型经济体中，随着中央政府对地方政府监管力度的增强及中央环保督察与环保约谈制度的逐步实施、地方政府官员绩效考核体系的"绿色化"及环境规制强度的逐步提升，地方政府竞争标尺的转变对环境规制、地区工业产能利用率的影响是否发生变化也有待于进一步论证。在针对地方政府竞争对环境规制负面影响的研究文献中，在财政分权背景下地方政府竞争不仅表现在地方经济增长速度竞争、招商引资竞赛及税收减免竞争，而且地方政府也通过增加地方财政科技支出、出台形式丰富的创新政策及提升地区创新绩效等方式，为提升创新能力而展开竞争（江红莉和蒋鹏程，2019）。由此可知，地方政府竞争对促进地区技术创新水平提高具有一定的促进作用，在一定程度上提高了环境规制促进工业产业绿色转型、推动经济高质量增长的可行性。因此，在论证环境规制对地区工业产能利用率的影响时，有必要考虑地方政府间的竞争及其与环境规制交互作用的影响。基于上述分析，本节通过构建计量经济模型，引入地方政府竞争、地方政府竞争与环境规制交互项进行实证论证。

5.2.1　模型设定与变量说明

5.2.1.1　计量模型设定

在实证研究方法选择方面，现有文献对地方政府竞争影响环境规制的实证研究主要采用空间计量的方法（张华，2016；邓慧慧等，2017；李胜兰等，2014），其实质是通过人为设定外生的地理距离矩阵和经济距离矩阵等空间权重矩阵来反映不同地区之间的空间关系（周建等，2016），探索地方政府间的互动行为对环境规制的影响。但是，空间计量实证研究结果严重依赖空间权重矩阵的设定，并且难以反映出空间权重随时间变化的情形，降低了实证研究结论的可信程度。因此，本章在研究地方政府竞争及其环境规制的交互对产能利用率的影响时，构建表征地方政府竞争的指标，采用面板回归模型进行估计。

因此，参照上一章节中模型设定的方式，先设定基准回归模型（5-4），逐步引入地方政府竞争（$zfjz$）及其二次项（$zfjzsqu$）得到回归方程（5-5）。在此基础上，进一步引入环境规制（$\ln pwf$）与地方政府竞争（$zfjz$）二者的交互项（$\ln pwf\_zfjz$），反映环境规制与地方政府竞争之间的交互作用，得到回归模型（5-6）。

$$\ln cuti_{it} = \beta_0 + \beta_1 \ln pwf_{it} + \beta_2 \ln pwfsqu_{it} + \beta_3 eco\_goal_{it} + \beta_4 \ln RD_{it}$$
$$+ \beta_5 industry_{it} + \beta_6 openness_{it} + \beta_7 \ln zsgx_{it} + \beta_8 market_{it}$$
$$+ \beta_9 invest\_rate_{it} + \mu_i + \eta_t + \varepsilon_{it} \quad (5-4)$$

$$\ln cuti_{it} = \beta_0 + \beta_1 \ln pwf_{it} + \beta_2 \ln pwfsqu_{it} + \beta_3 eco\_goal_{it} + \beta_4 \ln RD_{it}$$
$$+ \beta_5 industry_{it} + \beta_6 openness_{it} + \beta_7 \ln zsgx_{it} + \beta_8 market_{it}$$
$$+ \beta_9 invest\_rate_{it} + \beta_{10} zfjz_{it} + \beta_{11} zfjzsqu_{it} + \mu_i + \eta_t + \varepsilon_{it} \quad (5-5)$$

$$lncuti_{it} = \beta_0 + \beta_1 \ln pwf_{it} + \beta_2 \ln pwfsqu_{it} + \beta_3 eco\_goal_{it} + \beta_4 \ln RD_{it}$$

$$+ \beta_5 industry_{it} + \beta_6 openness_{it} + \beta_7 \ln zsgx_{it} + \beta_8 market_{it}$$

$$+ \beta_9 invest\_rate_{it} + \beta_{10} zfjz_{it} + \beta_{11} zfjzsqu_{it} + \beta_{12} \ln pwf\_zfjz_{it}$$

$$+ \mu_i + \eta_t + \varepsilon_{it} \qquad\qquad (5-6)$$

其中，$zfjz_{it}$ 和 $zfjzsqu_{it}$ 分别为地方政府竞争及其二次项，$\ln pwf\_zfjz_{it}$ 为环境规制与地方政府竞争的交互项（$\ln pwf\_zfjz$）；β_i 为各变量回归系数（$i = 1,2,3,\cdots,n$）；μ_i、η_t 分别代表个体固定效应和时间固定效应，ε_{it} 为随机误差项。

5.2.1.2 变量说明与数据来源

1. 被解释变量

被解释变量为产能过剩（$lncuti_{it}$），采用地区工业产能利用率取对数衡量。产能利用率越高，产能过剩越严重。与上述研究相同，产能利用率数据的测算主要参考张少华和蒋伟杰（2017）的研究方法进行计算，运用我国 30 个省份的投入产出基础数据，借助 GAMS 软件对 2001～2016 年区间内的工业企业产能利用率进行估算。由于各地区 2017 年度基础数据缺失，本章采用插值法根据趋势外推一期，来补充缺失值。

2. 核心解释变量

环境规制（$\ln pwf_{it}$）和地方政府竞争（$zfjz_{it}$）及二者交互项（$\ln pwf\_zfjz$）为核心解释变量。环境规制（$\ln pwf_{it}$）用来衡量地区环境规制强度，和前述章节一致，先采用工业企业排污缴纳排污税费占地区工业生产总值取对数作为市场激励型环境规制工具的指标，在稳健性检验部分将地方政府环境污染治理投资占地区工业生产总值比重取对数、地方政府环境设施运行费用占地区工业生产总值取对数作为替代指标。$\ln pwfsqu_{it}$ 为环境规制指标二次项，用来捕捉环境规制产能过剩之间的非线性关系。$\ln pwf_{it}$ 为市场激励型环境规制指标，采用各地区工业企业排污费缴纳额占地区工业生产总值比重取对数衡量。各地区年度排污费数据来源于相应年份的《中国环境统计年鉴》，地区工业生产总值来源于相应年份的《中国工业统计年鉴》。

地方政府竞争（$zfjz_{it}$）为辖区内政府利用包括税收优惠、环境政策、医疗福利及财政支出等手段吸引资本、劳动力和其他流动性要素进入，以提升经济体竞争力的行为（Breton，1998）。现有文献中，地方政府竞争的衡量指标既包括投入视角的指标，也包括产出视角的指标。就投入视角而言，地方政府竞争主要体现在财政分权体制下，地方政府为争夺外商直接投资而进行的硬环境和软环境的竞争，包括税收竞争、公共物品供给竞争及法制环境竞争（傅勇等，2007；曹书军，2004；邓慧慧，2017；郑展鹏等，2018）。就产出视角而言，地方政府竞争衡量指标主要是采用地方政府实际利用外资数额的绝对值或相对值来衡量（张军等，2007；郑磊，2008；陆凤芝，2019；张彩云，2018）。地方政府竞争投入视角和产出视角都是基于地方政府吸引外商投资的角度。此外，地方政府工作报告中也将地方 GDP 年增长率和财政收入年增长率视为最重要的指标。因此，朱向东等（2018）、赵霄伟（2014）、吴振球等（2013）将地方政府 GDP 年增长率作为地方政府竞争衡量指标。上述两个视角衡量地方政府竞争都未能够体现出地方政府之间经济增长赶超水平、相对关系和地方政府竞争策略的互动关系（郭庆旺等，2009）。因此，本章借鉴缪小林等（2017）、何爱平等（2019）研究中地方政府竞争指标构建思想和方法，从相邻省份维度和全国省份两个维度衡量各地区经济发展之间的竞争与赶超，指标构建方式如下：

$$zfjz = (除了本省外邻省最高人均 GDP/本省人均 GDP) \times (全国最高人均 GDP/本省人均 GDP)$$

此外，地方政府竞争平方项（$zfjzsqu$）由地方政府竞争指标相乘得到。环境规制（$\ln pwf$）与地方政府竞争（$zfjz$）的交互项（$\ln pwf\_zfjz_{it}$）由环境规制和地方政府竞争指标相乘得到。本省及全国最高人均 GDP 数据来源于相关年份《中国统计年鉴》。

3. 控制变量

技术创新（$\ln RD$）采用地区研发支出与地区生产总值比取对数来衡量，数据来源于相关年份《中国科技统计年鉴》。产业结构（$industry$）

采用地区工业总产值与地区生产总值比重来衡量，地区生产总值来自于相关年份《中国统计年鉴》。地区开放程度（*openness*）采用地区实际利用外资额与地区生产总值比重取对数表示，数据来源于相关年份《中国贸易外经统计年鉴》。政商关系（*lnzsgx*）反映一地区政府与企业之间关系的健康程度，采用地区政商关系得分取对数表示，数据来源于 Wind 数据平台《中国市场化指数》。市场化程度（*market*）反映某一地区市场化程度。研究表明，市场化成熟度越高，要素配置效率越高，越有助于提高产能利用率、化解产能过剩。地区政府投资水平（*invest_rate*）采用地方政府投资占地区生产总值比重取对数表示，各地区年度投资值采用地区固定资产投资增长率表示。经济增长目标（*eco_goal*）为各地区省级层面的经济预期增长目标，数据来源于 Wind 数据库。各变量描述性统计如表 5 - 4 所示。

表 5 - 4　　　　　　　　变量描述性统计

变量名称	变量符号	计算方法	观测值（个）	均值	标准差	最小值	最大值
产能过剩	lncuti	产能利用率取对数	510	-0.52	0.340	-1.77	0.00
环境规制	lnpwf	单位工业产值排污费取对数	506	2.23	0.796	-1.20	4.52
环境规制平方项	lnpwfsqu	单位工业产值排污费对数平方	506	5.61	3.320	0.00	20.39
地方政府竞争	zfjz	相邻省份最高人均GDP比本省人均GDP乘以全国最高人均GDP比本省人均GDP	508	5.24	5.824	0.28	93.98
地方政府竞争平方项	zfjzsqu	地方政府竞争指标平方	508	61.33	401.076	0.08	8832.10
环境规制与地方政府竞争交互项	lnpwf_zfjz	环境规制乘以经济增长目标	506	12.96	14.266	-1.32	103.75
技术创新	lnRD	单位工业产值研发投入比	506	-3.77	1.461	-9.68	-0.62

续表

变量名称	变量符号	计算方法	观测值（个）	均值	标准差	最小值	最大值
产业结构	*industry*	工业产值占地区生产总值比	507	0.39	0.080	0.12	0.53
地区开放程度	*openness*	地区实际利用外资水平	497	−4.06	1.004	−7.29	−1.92
政商关系	lnzsgx	政商关系指数	498	1.90	0.271	0.39	2.37
市场化程度	*market*	地区市场化程度指数	509	6.18	1.870	2.37	11.71
投资率	*invest_rate*	地区投资增长率	467	32.83	15.873	1.00	78.00
经济增长目标	*eco_goal*	省级政府经济增长预期目标	508	9.85	1.543	6.00	15.00

资料来源：笔者计算整理得出。

5.2.2　实证结果与分析

通过构建计量经济模型（5-4）、模型（5-5）及模型（5-6），采用 Stata 15 分别对未引入地方政府竞争、引入地方政府竞争及引入地方政府竞争与环境规制交互项的三个方程进行回归估计，从而得到回归结果 Model 1、Model 2 和 Model 3，如表5-5所示。由此可知，在引入地方政府竞争指标前后，环境规制一次项系数在10%水平上显著为负，二次项系数在1%水平上显著为正，反映环境规制与地区工业产能利用率之间都呈现"U"形形态关系，市场型激励型环境规制在一定程度上提升了地区工业产业利用率。随着市场激励型环境规制强度的提升，环境规制可以起到提升工业产能利用率的作用。在引入地方政府竞争后（Model 2），地方政府竞争一次项系数在5%水平上显著为正，二次项系数为负（然而并不显著），说明地方政府竞争在一定程度上促进了地区工业产能利用率的提升。而随着地方政府竞争强度的提升，过度的地方政府竞争可能对地区工业产能利用率产生一定的消极影响，加剧地区工业产能过剩。

表5-5　　　地方政府竞争、环境规制与地方政府竞争交互项作用实证分析

变量名称	(1) Model 1	(2) Model2	(3) Model 3
ln*pwf*	-0.089 * (-1.88)	-0.087 * (-1.85)	-0.086 * (-1.82)
ln*pwfsqu*	0.045 *** (3.74)	0.040 *** (3.24)	0.037 *** (2.77)
eco_goal	-0.038 *** (-4.15)	-0.040 *** (-4.35)	-0.039 *** (-4.22)
ln*RD*	-0.001 (-0.08)	-0.003 (-0.35)	-0.003 (-0.29)
Industry	1.305 *** (4.73)	1.715 *** (5.49)	1.705 *** (5.43)
Openness	0.003 (0.14)	-0.003 (-0.11)	-0.002 (-0.11)
ln*zsgx*	0.161 ** (2.15)	0.126 * (1.66)	0.123 (1.61)
Market	-0.027 * (-1.91)	-0.021 (-1.43)	-0.021 (-1.42)
invest_rate	-0.003 *** (-3.97)	-0.003 *** (-3.74)	-0.003 *** (-3.70)
zfjz		0.027 ** (2.28)	0.021 (0.97)
zfjzsqu		-0.001 (-1.49)	-0.001 (-1.49)
ln*pwf_zfjz*			0.002 (0.35)
常数项	-0.725 *** (-3.80)	-0.968 *** (-4.62)	-0.950 *** (-4.40)
观测值（个）	459	459	459

注：***、**、*分别代表在1%、5%和10%水平下显著；括号内为标准误。
资料来源：笔者计算整理得出。

进一步，引入地方政府竞争与环境规制交互项（ln*pwf_zfjz*）得到 Model 3。与 Model 2 实证结果相比，Model 3 中环境规制一次项系数绝对

值变小（-0.086），地方政府竞争（*zfjz*）的主效应为正且不显著，反映出地方政府竞争对工业产能利用率起到一定的正向促进作用。但考虑环境规制约束后，地方政府竞争对地区工业产能利用率的正向促进作用减弱，也进一步证明了环境规制对地方政府竞争提升工业产能利用率具有抵消作用。地方政府竞争与环境规制交互项（ln*pwf_zfjz*）为正且不显著，说明地方政府竞争与环境规制交互作用对地区工业产能利用率的正向促进作用并不显著。尽管环境规制在一定程度上抵消地方政府竞争对地区工业产能利用率的正向促进作用，但是随着地方政府竞争标尺的转变，环境规制提高了地方政府招商引资的质量，引导地方经济绿色发展竞争。在强环境规制约束下，地方政府提高引进外资的环境门槛，引导企业及时采用绿色生产技术、转变生产方式实现产业结构绿色转型和结构转型（杨骞等，2019），由"逐底竞争"转向"逐顶竞争"，地方政府竞争与环境规制交互作用对产能利用率仍呈现为正向促进作用。在考虑了环境绩效约束后，地方政府竞争由为经济增长速度目标竞争转变成为绿色发展竞争，提高了地区工业产能利用率。但是，地方政府竞争标尺的转变对工业产业绿色转型的作用尚不明显，对产能利用率的促进作用并不显著。

5.3　反腐败的交互影响及实证分析

考虑反腐败对政府官员和工业企业环境规制行为的影响，进一步论证反腐败与环境规制的交互作用对工业产能利用率的影响，本章引入反腐败及其与环境规制交互项，来论证反腐败与环境规制交互作用是否对地区产能过剩利用率的提升起到促进作用。

5.3.1　模型设定与变量说明

5.3.1.1　计量模型设定

参照5.2节中的计量回归模型（5-6），本节在回归方程中引入反腐败及其与环境规制交互项，得到回归方程（5 – 7）。

$$\ln cuti_{it} = \beta_0 + \beta_1 \ln pwf_{it} + \beta_2 \ln pwfsqu_{it} + \beta_3 \, eco\_goal_{it} + \beta_4 \ln RD_{it}$$
$$+ \beta_5 \, industry_{it} + \beta_6 \, openness_{it} + \beta_7 \ln zsgx_{it} + \beta_8 \, market_{it}$$
$$+ \beta_9 \, invest\_rate_{it} + \beta_{10} zfjz_{it} + \beta_{11} zfjzsqu_{it} + \beta_{12} \ln pwf\_zfjz_{it}$$
$$+ \beta_{13} \ln anticorruption_{it} + \beta_{14} \, ancorruption\_pwf_{it} + \mu_i + \eta_t + \varepsilon_{it}$$

$$(5 – 7)$$

其中，$\ln anticorruption_{it}$、$ancorruption\_pwf_{it}$分别为反腐败、反腐败与环境规制交互项；β_i为各变量回归系数（$i = 1, 2, 3, \cdots, n$）；μ_i、η_t分别代表个体固定效应和时间固定效应，ε_{it}为随机误差项。

5.3.1.2　变量说明与数据来源

鉴于5.2节核心解释变量和其他控制变量的衡量指标及数据来源已详细阐述，本节仅对反腐败（$\ln anticorruption$）指标进行说明（见表5 – 6）。现有文献关于反腐败指标的衡量存在一定异议。周黎安等（2009）采用各地区检察院贪污腐败案与渎职案直接立案数表示地区腐败程度。应当指出的是，直接立案数量反映的是检察院待侦破的部分腐败案件，并不能真实客观地展示腐败程度，该数据可能小于实际的腐败程度。杨其静等（2016）认为，反腐败衡量指标应采用各地区腐败案件的侦破数而非立案数表示。然而，侦破案件数同样受诸多因素影响，且存在周期长短差异，难以反映政府反腐败的实际强度；由于案件侦破周期较长，计量每年的实际反腐败案件数也存在一定难度。为此，本章沿用王健忠等（2017）的研究思路，选取检察院贪污腐败与渎职案直接立案数，采用万名公职人员腐败案件发生数取对数来衡量。其中，反腐败案件数据选取自各省检察院反腐败案件直接立案数量；各地区公职人员数据指标采用《中国统计年鉴》中"各省份每年的社会保障与公共组织在职人数"。反腐败数据来源于《中国检察年鉴》《中国法律年鉴》及各省份检察院官方网站公开的检察工作报告。反腐败与环境规制交互项（$ancorruption\_pwf$）由反腐败与环境规制相乘得到。

表 5-6   变量描述性统计

变量名称	观测值（个）	均值	标准差	最小值	最大值
lncuti	510	-0.52	0.340	-1.77	0.00
lnpwf	506	2.23	0.796	-1.20	4.52
lnpwfsqu	506	5.61	3.320	0.00	20.39
lnanticorruption	507	-1.27	0.280	-2.05	0.47
ancorruption_pwf	505	-2.79	1.099	-5.80	2.09
zfjz	508	5.24	5.824	0.28	93.98
zfjzsqu	508	61.33	401.076	0.08	8832.10
lnpwf_zfjz	506	12.96	14.266	-1.32	103.75
eco_goal	508	9.85	1.543	6.00	15.00
eco_goalsqu	508	99.38	31.641	36.00	225.00
lnpwf_ecogoal	506	22.11	8.655	-9.63	45.29
lnRD	506	-3.77	1.461	-9.68	-0.62
industry	507	0.39	0.080	0.12	0.53
openness	497	-4.06	1.004	-7.29	-1.92
lnzsgx	498	1.90	0.271	0.39	2.37
market	509	6.18	1.870	2.37	11.71
invest_rate	467	32.83	15.873	1.00	78.00

资料来源：笔者计算整理得出。

5.3.2 实证结果与分析

本章通过在计量回归方程中引入反腐败及其与环境规制交互项，构建计量回归方程（5-7），采用固定效应模型进行回归分析，得到表5-7。其中，列（1）、列（2）和列（3）依次是回归方程（5-7）采用固定效应模型，在未引入反腐败指标、引入反腐败指标和引入反腐败指标及其与环境规制交互项三种情形下的回归结果。由表（5-7）表示，在列（2）中反腐败系数在10%水平下显著为正，说明随着反腐败强度增加，地区工业产能利用率上升，也证明了反腐败对产能过剩治理起到直接的促进作用。在列（3）中，反腐败与环境规制交互项系数为正，表明反腐败与环境规制交互作用对地区工业产能利用率起到提升作用，也进一步论证反腐败不仅直接起到提升产能利用率的作用，而且还通过与环境规制交互作用，提高环境规制硬约束，激励地区工业企业和政府部门提升产能利用率。

表 5 – 7　　　　　反腐败、环境规制与反腐败交互项作用实证分析

变量名称	(1) no_anticurruption	(2) anticurruption	(3) pwf_anticurruption
lnpwf	-0.166 * (-1.71)	-0.159 (-1.64)	-0.069 (-0.46)
ln$pwfsqu$	0.033 ** (2.45)	0.034 ** (2.53)	0.030 ** (2.16)
$zfjz$	0.023 (1.09)	0.031 (1.45)	0.030 (1.44)
$zfjzsqu$	-0.001 * (-1.74)	-0.001 * (-1.80)	-0.001 * (-1.84)
lnpwf_zfjz	0.003 (0.52)	0.001 (0.13)	0.001 (0.18)
eco_goal	-0.430 *** (-5.86)	-0.422 *** (-5.75)	-0.418 *** (-5.68)
$eco\_goalsqu$	0.017 *** (4.94)	0.017 *** (4.83)	0.017 *** (4.84)
ln$pwf\_ecogoal$	0.009 (0.97)	0.009 (0.93)	0.007 (0.70)
lnRD	0.002 (0.27)	0.004 (0.41)	0.003 (0.38)
$industry$	2.112 *** (6.72)	2.090 *** (6.64)	2.125 *** (6.68)
$openness$	0.001 (0.05)	0.002 (0.11)	0.003 (0.14)
ln$zsgx$	0.132 * (1.79)	0.112 (1.48)	0.117 (1.54)
$market$	-0.015 (-1.06)	-0.017 (-1.17)	-0.015 (-1.08)

变量 名称	(1) *no_anticurruption*	(2) *anticurruption*	(3) *pwf_anticurruption*
invest_rate	-0.003 *** (-3.15)	-0.003 *** (-3.32)	-0.003 *** (-3.27)
lnanticorruption		0.092 * (-1.79)	0.190 (-1.41)
ancorruption_pwf			0.046 (0.79)
常数项	0.959 ** (2.29)	0.849 ** (2.01)	0.639 (1.28)
观测值（个）	459	458	458

注：***、**、* 分别代表在1%、5%和10%水平下显著；括号内为标准误。
资料来源：笔者计算整理得出。

5.4　实证结果的进一步讨论

为进一步验证地方政府竞争及其与环境规制的交互项、经济增长目标及其与环境规制的交互项是否存在地区异质性，本章将全样本划分为东部地区与中西部地区两个样本组进行回归分析。

5.4.1　经济增长目标及其与环境规制交互项的地区异质性分析

通过对整体样本分地区对经济增长目标及其与环境规制交互项进行实证分析，得到表5-8。由此可知，在东部地区，经济增长目标一次项系数在5%水平上显著为负，经济增长目标二次项系数为正，反映出经济增长目标与地区工业产能利用率之间呈现"U"形形态关系，经济增长目标在一定程度上提升了地区工业产能利用率。与现有研究所得结论相佐的是，随着经济增长目标的增大，地区工业产能利用率先下降后上升，证实了地方经济增长目标提升地区工业产能利用率的条件性。实证研究表明，只有地方政府将经济增长目标控制在合理的区间范围内，才能对地区工业产能利用率起到提升作用。同样，在中西部地区，经济增长目标与地区工业产能利用率之间也呈现"U"形形态关系，经济增长目标在一定程度上提升了地区工业产能利用率。这一特征在全国层面与东部地区、中西部地区并无差异，反映了现阶段经济增长目标对产能利用率的影响并不存在显著的地区差异。

表 5 - 8 　　　　　　　经济增长目标及其与环境规制交互项地区异质性分析

变量名称	（1）全国范围	（2）东部地区	（3）中西部地区
lnpwf	-0.168 * (-1.71)	-0.427 ** (-2.48)	0.152 (0.80)
ln$pwfsqu$	0.043 *** (3.55)	0.059 ** (2.42)	0.029 (1.49)
eco_goal	-0.401 *** (-5.45)	-0.402 ** (-2.45)	-0.192 * (-1.68)
$eco\_goalsqu$	0.016 *** (4.56)	0.013 (1.60)	0.009 * (1.78)
ln$pwf\_ecogoal$	0.009 (0.93)	0.038 * (1.90)	-0.015 (-0.90)
lnRD	0.004 (0.47)	-0.008 (-0.55)	-0.004 (-0.30)
$industry$	1.613 *** (5.84)	-0.048 (-0.06)	1.732 *** (3.73)
$openness$	0.007 (0.33)	-0.019 (-0.32)	0.036 (1.17)
ln$zsgx$	0.177 ** (2.42)	0.308 * (1.78)	0.174 (1.23)
$market$	-0.024 * (-1.69)	-0.041 ** (-2.04)	-0.028 (-0.98)
$invest\_rate$	-0.003 *** (-3.51)	-0.003 ** (-2.15)	-0.002 * (-1.73)
常数项	1.089 *** (2.63)	1.763 ** (2.02)	-0.431 (-0.61)
观测值（个）	459	154	180

注：***、**、*分别代表在1%、5%和10%水平下显著；括号内为标准误。
资料来源：笔者计算整理得出。

　　而经济增长目标与环境规制交互项则存在一定的区域异质性。在全国层面，经济增长目标与环境规制交互项为正（但是并不显著），说明在全国层面，经济增长目标与环境规制交互作用有助于提升地区工业产能利用率，但是这种提升作用有限。在环境规制硬约束下，地方政府经济增长目标受环境规制约束，提高了工业产业的环境门槛和资源价格，降低了工业企业盲目投资的可能性，压缩了地方政府盲目上马环境规制不达标的产业，引导资源从能耗高和污染严重的工业产业流向高技术产业和新兴产业，在源头上减少了工业产能过度投资，一定程度上促进了工业产能利用率水平的提高。

　　在东部地区，经济增长目标与环境规制交互项在10%水平上显著为正，说明在东部经济发达地区，环境规制与政府经济增长目标交互作用，显著提高东部地区产能利用率水平。而中西部地区，环境规制与地方政府经济增长目标交互作用则对工业产能利用率提升具有负向影响。相比较东部地区，中西部地区经济发展水平较低，地方政府工作重心仍以经济增长为主导。尽管考虑工业经济绿色发展，但由于中西部地区工业产业发展和技术创新水平较为落后，难以同时兼顾经济增长和环境保护双重目标，导致中西部地区经济增长目标实现优先于环境保护和环境约束型指标的实现，引发环境规制失灵。因此，环境规制与经济增长目标交互作用并不能够促进中西部地区工业产能利用率，反而起到抑制作用。

5.4.2　地方政府竞争及其与环境规制交互项的地区异质性分析

　　为进一步论证地方政府竞争及其与环境规制交互项对产能利用率影响的地区异质性，本章将全样本分为东部地区和中西部地区两组样本分别回归分析，得到表5-9。由此可知，东部地区和中西部地区环境规制与产能利用率之间的关系都并非线性关系，环境规制对工业产能利用率的影响都存在"拐点"。在东部地区，地方政府竞争一次项系数在10%水平上显著为负，二次项系数在1%水平上显著为负数，说明地方政府竞争与地区工业产能利用率之间呈现倒"U"形形态关系。随着地方政府竞争强度的提升，地区工业产能利用率先上升后下降，也进一步论证了地方政府过度竞争降低工业产业产能利用率，不利于化解产能过剩。

表 5 – 9　　　　地方政府竞争及其与环境规制交互项的地区异质性回归结果

变量名称	（1）全国范围	（2）东部地区	（3）中西部地区
ln*pwf*	− 0.086 * （− 1.82）	− 0.134 * （− 1.94）	− 0.026 （− 0.28）
ln*pwfsqu*	0.037 *** （2.77）	0.035 （1.38）	0.024 （1.15）
zfjz	0.021 （0.97）	− 0.105 * （− 1.30）	0.017 * （0.51）
zfjzsqu	− 0.001 （− 1.49）	− 0.008 *** （− 2.72）	− 0.001 * （− 1.38）
ln*pwf_zfjz*	0.002 （0.35）	0.083 *** （3.04）	0.007 （0.71）
eco_goal	− 0.039 *** （− 4.22）	− 0.067 *** （− 3.34）	− 0.026 * （− 1.84）
ln*RD*	− 0.003 （− 0.29）	− 0.016 （− 1.23）	− 0.006 （− 0.40）
industry	1.705 *** （5.43）	0.190 （0.24）	1.929 *** （3.66）
openness	− 0.002 （− 0.11）	− 0.094 （− 1.48）	0.031 （1.00）
ln*zsgx*	0.123 （1.61）	0.105 （0.52）	0.111 （0.78）
market	− 0.021 （− 1.42）	− 0.024 （− 1.18）	− 0.030 （− 1.04）
invest_rate	− 0.003 *** （− 3.70）	− 0.004 ** （− 2.33）	− 0.003 * （− 1.82）
常数项	− 0.950 *** （− 4.40）	− 0.169 （− 0.38）	− 1.172 *** （− 3.14）
观测值（个）	459	154	180

注：*** 、** 、* 分别代表在1%、5%和10%水平下显著；括号内为标准误。
资料来源：笔者计算整理得出。

在中西部地区，地方政府竞争一次项系数在 10% 水平上显著为正，二次项系数在10%水平上显著为负，说明地方政府竞争与地区工业产能利用率之间也呈现倒"U"形形态关系。随着地方政府竞争强度的提升，地区工业产能利用率先上升后下降。尽管东部地区与中西部地区环境规制都与地区工业产能利用率之间呈倒"U"形关系，但是东部与中西部地区地方政府竞争强度的"拐点"存在差异。东部地区地方政府竞争已跨过"拐点"，地方政府过度竞争不利于提高地区产能利用率。而中西部地区，地方政府竞争强度尚未达到"拐点"，地方政府间适度竞争在一定程度上可以起到显著提高产能利用率的作用。

对于环境规制与地方政府竞争交互项，环境规制与地方政府竞争交互项呈现区域异质性。在东部地区，地方政府竞争与环境规制交互项系数在1%水平上显著为正，说明在东部经济发达地区，地方政府竞争与环境规制交互作用显著提高地区工业产能利用率，形成明显的"环境规制逐顶竞争"，有效地促进地区工业产能利用率的提高。中西部地区地方政府竞争与环境规制交互项也为正，但是并不显著，反映地方政府竞争与环境规制的交互作用对地区工业产能利用率的提升作用并不显著。由此可知，尽管中央政府对地方政府加强环境绩效考核，推动绩效考核体系由单一的经济绩效转向环境规制约束下的经济绩效，引导地方政府间由"逐底竞争"转向"逐顶竞争"，但是"环境规制竞争"促进地区工业产能利用率的提升作用依然呈现出区域间不平衡的特点，东部地区存在明显的"先发优势"，中西部地区存在明显的滞后效应。环境规制与地方政府竞争交互作用对产能利用率的影响存在地区间的差异。

第 6 章

运用环境规制治理产能过剩的国际经验与启示

　　产能过剩阻碍产业结构升级，加剧环境污染，不利于宏观经济健康稳定发展。促进经济可持续发展，不仅需要加速淘汰落后过剩产能存量，更要巩固去产能成效、防范新增产能进一步扩张。这不仅成为政府部门目标所在，更是新时代促进我国经济高质量发展的必然之举（曹献飞和裴平，2019）。"他山之石，可以攻玉。"为学习和借鉴先进工业国家治理产能过剩的经验，本章尝试分析先进工业国家治理产能过剩的经验和启示。先进工业国家产能过剩治理的国际经验表明，市场化改革、产业政策出台及国际产能合作为先进工业国家治理产能过剩的重要措施，在先进工业国家产能过剩治理过程中发挥着重要作用（史贞，2014）。然而，此类产能过剩治理经验建立在产能过剩存量的基本假设之上，并未将产能过剩治理问题与工业绿色发展相结合，缺少从绿色发展过程中寻找产能过剩治理的措施，忽视环境规制对引导企业绿色投资和产业布局的重要影响。因此，本章以美国、日本及欧盟为例，简要概括产能过剩治理历史经验，重点分析环境规制对产能过剩治理的重要作用，并结合前沿环境政策、工业绿色发展政策和新兴产业发展战略，总结出对新时代我国借助环境规制工具提高产能利用率、促进工业产业绿色转型的启示。

6.1　发达国家和地区治理产能过剩的经验

6.1.1　美国化解产能过剩的经验

6.1.1.1　美国化解产能过剩的经验

第二次世界大战后，美国经历了包括 20 世纪 40 年代、80 年代中期、90 年代初期及 21 世纪初期在内的 4 次产能过剩危机。其中，受到 2008 年金融危机的严重影响，美国工业产能利用率甚至一度跌至 67%（见图 6-1）。在不同时期，美国采用不同的政策应对产能过剩危机。尽管第二次世界大战后美国通过"马歇尔计划"援助欧洲，变相地对欧洲输出过剩产能，拉动国内经济，但是这种对外输出产能、化解产能危机的方式是特殊历史时期的产物，对化解产能过剩不具有普遍性。

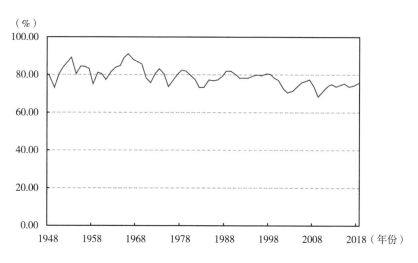

图 6-1　1948~2018 年美国工业产能利用率的变化

资料来源：Wind 数据库。

相对于依靠对欧援助输出产能，美国依靠市场机制调节，制定强有力的产业政策推动技术创新，促进产业结构转型升级，加速淘汰落后产能，则更具有借鉴意义。在应对 20 世纪 80 年代中期和 90 年代初期两次产能过剩危机时，美国政府依托市场调节机制化解产能过剩，降低税率，鼓励企业加快兼并重组，减少对企业经营的过度干预。在依靠市场机制调节工业产能的基础上，美国借助立法等强制手段，推动制度创新，加速淘汰落后产能。并且，美国政府制定了配套的激励型财政政策、金融政策及其他配套政策来支持节能技术等新技术的推广与应用，并且给予产能利用率高的企业资金、法律和政策支持，促进产业竞争力提升。

2008 年以后，美国通过制定创新国家战略，引导企业投资和产业布局，促进产能高质量发展。美国政府制定了"再工业化"战略，先后颁布《美国复兴与再投资法案》《重振美国制造业政策框架》《先进制造业国家战略计划》等制造业强国政策。美国政府将先进制造业发展上升为国家战略，明确未来先进技术投资领域；给予新兴产业领域的企业大规模税收减免，引导生产要素流向高技术产业。2011 年，美国政府制定了《美国创新战略》，增加科研经费投入，促进技术创新，推动美国产业转型升级，在推动先进产能替代落后产能方面发挥了至关重要的作用。尽管表面上这些创新战略并未直接促进产能过剩治理，但是美国政府通过制定先进制造业战略，引导企业投资，促进产业高质量发展，在动态发展过程中解决产能过剩问题（盛朝迅，2013）。

6.1.1.2　环境规制在美国化解产能过剩中的重要作用

纵观历史，美国环境政策在产能过剩治理中发挥着重要的作用，直接或间接地促进产能过剩治理。

自 20 世纪 50 年代以来，以命令控制型为主的环境规制对美国产业结构、创新方向及要素配置都产生了难以逆转的影响。美国政府制定了大量的环境保护法律，涵盖污染防治、环境政策及土壤管理等，包括《国家环境政策法》《清洁空气法》《空气污染控制法案》等。最具代表性的是，1970 年美国实施了《国家环境政策法》，开启了出台绿色产业发展的政策和法律浪潮，为工业绿色发展提供了法律依据。随着命令控制型环境规制弊端逐渐暴露，美国环境立法更加强调市场机制在引导企业投资决策中的重要作用，市场激励型环境规制日益受到重视。里根政府强调对环境政策进行经济分析，减少对环境政策的行政干预，并削减财政预算，强调以效率为基础，通过市场机制引导厂商生产决策（徐再荣，2013），从实现环境质量改善转向产业高质量发展目标。随着环境标准的不断提高，美国污染密集型产业国际竞争力逐步丧失，大规模高能耗、高污染产业转移到海外，一定程度上优化了国内产业布局，缓解过剩产能的压力。20世纪90年代以来，命令控制型环境规制和市场激励型环境规制的局限性导致对新型环境政策的需求，以信息披露为特色的政策创新受到重视，为监督企业绿色决策提供了重要的手段（郭庆，2009），为过剩产能行业环境信息披露奠定基础。

就环境规制促进产能过剩治理而言，环境规制与产业政策融合，加强了产业政策的环境硬约束。在淘汰落后产能过程中，环境规制与产业政策融合，对落后产能形成环境硬约束。例如，在化解钢铁产业产能过剩时，美国在产业政策中重点强调钢铁能耗、水耗、空气污染等方面的硬约束标准，加速淘汰部分高污染、高排放及效率低的钢铁企业，提高市场集中度，同时促进钢铁企业加大技术改造力度，有力地增强了美国钢铁企业的国际竞争能力（王海兵，2018）。不仅如此，环境规制与产业政策相融合，采用以市场机制为基础的政策手段，加速传统产业绿色技术改造和转型升级，引导生产要素流向绿色技术、绿色产业和战略性新兴产业，并且结合总量控制和环境税政策（王斌和骆祖春，2011），压缩落后产能投资领域，挤占低端产能的投资，降低传统行业利润空间，促进绿色产业发展、重塑产业发展新动能，在促进经济绿色发展动态过程中化解产能过剩。

随着绿色经济和绿色发展逐渐成为21世纪全球经济社会发展的趋势，环境规制在促进美国经济绿色发展动态过程中化解产能过剩的作用逐渐增强。尽管美国绿色发展战略的制定并非剑指产能过剩，但是美国绿色发展战略引导企业绿色投资和要素配置，激励企业增加绿色技术创新投入，引导产业结构升级，也间接起到防治产能过剩的作用。2008年，美国政府实行"绿色新政",建立绿色经济体系,借助市场机制(如环境税和财政资助),助推绿色产品和服务生产,引导未来创新方向。并且,政府积极引导绿色产业研发和产业化。例如,2009 年《美国复苏和再投资法案》将新能源产业作为重点发展方向之一,推动可再生能源、清洁能源及智能电网等产业项目,包括 130 亿美元用于对可再生能源生产的税收抵免、向清洁煤技术领域投入上百亿美元、计划在未来 15 ~ 20 年向潮汐能发电项目投资 1720 亿美元及 40 亿美元投资智能电网项目等(尹昊智和李青霖,2019),以新能源为主产业技术革命和"再工业化"战略,着力培育新兴产业。在科研基础建设计划中,新能源和提升能源利用率项目占 468 亿美元;明确鼓励清洁能源发展减税政策,设立"清洁能源发展基金",并计划未来十年向污染企业征收 6460 亿美元,划拨 1500 亿美元支持清洁能源技术,推动开展可再生能源、清洁能源、智能电网等产业项目。因此,美国通过环境规制激励发展绿色产业,发挥绿色产业的导向作用,加强环境规制在产能过剩治理动态治理中的硬约束和激励作用,有助于提高产能利用率,促进工业绿色发展,实现环境质量改善与产能过剩治理双赢的目标。

美国以环境规制促进产能过剩治理时,均以环境立法为基础,提高行业环境规制硬约束,通过市场信号来引导企业投资和产业布局,并在一定程度上保障利益相关方参与环境监管,为从环境规制视角促进产能高质量发展创造了条件。尤其是美国奥巴马政府"绿色新政"及其配套政策的实施,为美国产业高质量发展建立了良好的基础。然而,美国借助环境治理产能过剩中也存在一定的局限性,主要体现在环境规制仅作为配套政策实施,未明确环境政策对落后产能的环境硬约束。

6.1.2 日本化解产能过剩的经验与启示

6.1.2.1 日本化解产能过剩的经验

第二次世界大战后,日本多次出现规模较大的产能过剩。日本产能过剩问题的爆发也比较集中：第一次是 20 世纪 70 年代，恰逢日本经济高速增长的后期；第二次是 2000 ~ 2005 年，此时日本泡沫经济破灭。纵观日本化解和防范产能过剩的过程，不仅包括宏观调控政策与产业政策的长期调控，也包括短期产能淘汰手段和微观干预措施。概括而言，日本主要调整产业政策、促进产业升级，采用通过扩大海外投资推动过剩产能产业转移，启动民间消费化解落后产能，鼓励兼并重组提高行业集中度，强化产业政策淘汰废弃设备促进技术改造及实行注册制度、提高行业准入、削减产能等方式来化解产能过剩危机（郑长征，2013）。

6.1.2.2　环境规制在日本化解产能过剩中的重要作用

日本对环境污染的治理几乎与产能过剩治理同时进行。20 世纪 70 年代日本经济快速增长后出现严重的产能过剩，在治理产能过剩、推动产业转型过程中，日本走上了绿色发展道路。日本化解和防范产能过剩过程带有浓厚的政府主导色彩，以法律和制度手段强制提高工业行业环境硬约束，通过制定绿色发展战略促进传统产业转型和新兴产业兴起。在实施过程中，日本政府推动市场激励型环境规制和命令控制型环境规制与产业政策融合，制定绿色产业政策，并且与金融政策、财政政策、贸易政策等经济政策及法律手段紧密配合，在推动产业政策实施过程中化解产能过剩。

在命令控制型环境规制治理产能过剩过程中，日本政府以法律手段和创新制度手段强制规定行业的环境标准，限定行业准入，削减落后行业产能，倒逼淘汰落后产能。通过 1970 年颁布《净化空气法案》和 1976 年颁布《资源保护与回收法案》，明确自 1980 年开始实施强制性能效标识等制度，提高钢铁行业在能源消耗及绿色环保等方面的标准，逐步关停达不到相应标准的钢铁企业，为产能过剩治理提供了法律依据。创新注册制度，加速淘汰落后生产设备，促进技术改造。在《2005 年清洁能源法案》中，日本明确规定对安装特定节能技术的企业实施 20 亿美元的税收激励。在产能削减方面，实施"汽车自愿限额协议"和"钢材自愿限额协议",降低对钢铁原材料的需求。在纤维行业,日本实行注册制度,即注册现有设备和限制生产品种,限制非注册设备使用,限制新增设备,收购报废"过剩设备"(付保宗和郭海涛,2011)。命令控制型环境规制与产业政策融合,提高环境规制硬约束,倒逼高耗能、高污染、高排放的低端产业向海外转移或被淘汰,通过向海外转移低端过剩产能实现产业转型,不仅提高本国环境标准、"腾笼换鸟"发展绿色环保产业,而且加快产业转移,促进环境质量改善和加速产业结构转型创新双赢。

在借助市场激励型环境规制治理产能过剩时,市场激励型环境规制与产业政策结合,提高产能过剩行业环境税,加速淘汰落后设备,鼓励使用节能设备,促进产能过剩行业技术改造和产业转型。例如,日本在化解钢铁行业产能过剩时,在制定财税政策方面,实施有效的税收减免和优惠政策,激励企业淘汰落后钢铁产能。由政策性银行给予低息贷款,积极推广使用节能设备。如果企业使用列入目录的节能设备,可享受特别折扣和税收减免优惠,约占设备购置成本的7%。1995年,日本制订"政府绿色行动计划",规定政府优先购买环保型产品,用财政手段加大扶持新能源和节能环保企业。

6.1.3　欧盟国家化解产能过剩的经验

6.1.3.1　欧盟国家化解产能过剩的经验

第二次世界大战后,欧洲各国对钢铁工业采取扶持政策,推动钢铁工业快速发展,满足了战后欧洲工业建设的需求。然而,进入20世纪70年代以来,第一次"石油危机"暴露出欧洲国家对工业扶持政策产生的产出大于实际需求问题,出现产能过剩问题。欧盟通过采取关停落后低效产能、限产限额、建立最低价格制度及完善行业补贴制度等系列措施(郑玉春,2013),化解钢铁产能过剩。

以德国为例。在20世纪60年代,德国传统工业先后遭遇"钢铁危机"和"煤炭危机"，钢铁和煤炭等传统行业出现严重的产能过剩。德国通过财政支持，鼓励新技术和新设备的应用，推动传统产业结构转型升级来化解产能过剩。2008 年国际金融危机再次造成德国工业产能过剩问题，政府通过税收优惠和政府补贴多措并举，推动创新技术成果转化，避免"投资潮涌"（刘建江等，2015）。针对光伏行业产能过剩的问题，德国政府运用调控政策为光伏行业降温，通过调整光伏发电上网电价等控制行业发展速度，来应对光伏行业发展过快导致的产能过剩。此外，德国还依靠制造业优势，通过建立信息服务体系、加大研发投入力度等提高国际竞争力，积极开拓海外市场，加强产能国际合作，化解产能过剩。

6.1.3.2　环境规制在欧盟化解产能过剩中的重要作用

作为环境治理"领头羊"，欧盟国家环境治理政策经过 40 余年的发展，环境治理理念和政策手段不断创新，已逐步形成比较完善的环境政策体系。尽管欧盟环境政策并非为应对工业产能过剩而制定，但是这些环境政策在提升企业产能发展质量、推动欧盟国家产业结构调整及促进经济可持续发展发挥着重要的作用，从而间接地起到化解和预防产能过剩的作用。

自 20 世纪 60 年代以来，欧盟环境治理政策发展历经了形成阶段、发展阶段及成熟阶段（卢晨阳，2014）。欧盟先后制定了 7 部环境行动规划，为欧盟环境治理指明了方向，欧盟环境政策明显发生转变，呈现出由"整治型"向"预防型"转变的特征。其中，1993 年起欧盟实施《第五环境行动规划》，提出可持续发展理念，促进"传统模式"向"循环经济模式"转变。更重要的是，《欧洲联盟条约》将可持续发展作为欧盟优先目标，把环境与经济发展决策纳入基本立法中，为欧盟在动态发展过程中实现环境治理奠定了法律基础。2001 年以来，欧盟在"可持续发展阶段"的环境一体化程度不断提升，环境责任得到进一步明确，可持续发展理念也逐步渗透至各个领域。

近年来，欧盟环境政策重点倾向于计划和长期战略，包括"国家能源和气候计划（NECPs）""2030 计划""2050 计划"等，并且通过《生态创新行动计划》《生态管理和审核计划》推动生态环境新技术进入市场，鼓励企业自主参与到环境治理实践中，从而实现经济增长方式的转变，兼顾资源利用率提高和环境保护双赢目标（邓翔等，2012）。

欧盟在借助环境政策推动可持续发展时，通过制定环境行动规划，以立法形式明确将环境治理目标融入发展决策之中，转变经济发展模式，促进可持续发展，并通过制定资源效率路线，推动绿色技术推广应用，来促进产业结构绿色化调整和绿色产业的崛起，有效地化解和预防产能过剩。

6.2　发达国家和地区治理产能过剩的启示

相对于美国、德国及欧盟等先进工业国家和地区，我国产能利用率总体上处于较低水平。由图 6 - 2 可知，20 世纪 90 年代以来，我国产能利用率水平不足 50%，远低于美国、德国、日本及法国等先进工业国家产能利用率。市场经济成熟的发达国家产能利用率水平基本保持在 70% 以上，其中美国和法国产能利用率都在 80% 以上。而由 5000 家工业企业调查数据显示，我国产能利用率水平低于 50%。受国际金融危机的影响，我国产能利用率再次跌破并长期低于 40%，进一步拉大了与先进工业国家产能利用率之间的差距。尽管我国相继出台了《国务院关于钢铁行业化解过剩产能实现脱困发展的意见》《国务院关于进一步加强淘汰落后产能工作的通知》《关于清理钢铁项目的通知》《关于做好 2019 年重点领域化解过剩产能工作的通知》等政策，并且逐步深化供给侧结构性改革，提高供给质量，在治理产能过剩方面取得了一定成就。然而，应该看到我国工业行业依然存在着严重的产能过剩问题。因此，产能过剩治理不能仅停留在"淘汰""抑制"等短期目标层面，更需要建立化解和防范产能过剩长效机制，将提高产能利用率与绿色发展相结合，巩固产能治理效果，促进工业产业结构转型升级，从而实现环境质量改善和产能过剩治理双重目标。

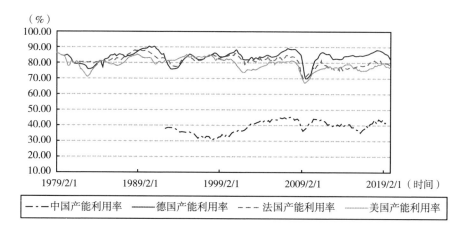

图 6-2 中国、美国、德国、法国产能利用率

资料来源：CEIC 数据库。

通过对美国、日本及欧盟等发达国家和地区产能过剩治理措施的梳理，分析环境规制在产能过剩治理中的重要作用，对新时代新发展阶段我国进一步巩固化解产能过剩成果、防范新增过剩产能、推动工业产业绿色发展具有借鉴意义。后金融危机时代，随着全球能源问题、气候变化问题及生态环境问题日益严峻，绿色发展成为全球共识和大势所趋。先进工业国家率先提出绿色发展新政，将绿色发展上升为国家发展战略层面，逐步推动实施绿色新政。

在绿色发展趋势和新一轮科技革命背景下，我国产能过剩治理应与绿色发展相结合，在绿色发展动态过程中化解和防范产能过剩，从而实现环境质量改善、产能过剩治理及产业国际竞争力提升多赢的目标。在总结和分析发达国家产能过剩治理的经验基础上，结合我国新时代高质量发展新阶段的国情，"创新、协调、绿色、开放、共享"五大发展理念，以及建立现代化经济体系的目标，本书提出新时代我国化解和预防产能过剩不仅需要进一步完善法律法规，制定绿色发展国家战略，加强顶层设计，加强政府、产业园区及企业之间的联系，而且需要引导产业技术创新，促进产业转型升级及培育新兴产业。

6.2.1　加强环境立法，落实环境执法

通过对美国、日本和欧盟环境政策在治理与预防产能过剩、促进可持续发展中作用的分析可知，美国、日本等先进工业国家最突出的经验是立法先行、有法可依，即以立法形式明确环境治理的合法定位，并将可持续发展理念逐步渗透到各领域政策中。美国通过制定一系列环境法律法规，以法律形式明确落后产能行业的排放标准，严格限制过剩产能行业准入。与之相似，日本则以法律形式明确注册制度，加速淘汰落后生产技术，引导企业使用绿色生产设备和投资绿色产业。欧盟则以立法形式明确环境治理的优先地位，将环境目标融入发展决策之中。在环境立法基础上，美国、日本及欧盟推动环境制度创新，鼓励政府、企业及消费者参与到环境规制中。而欧盟则以立法形式明确环境治理优先，将可持续发展融合到经济社会发展的综合决策之中，并制订配套的环境行动计划、技术创新政策及企业自愿参与激励政策等予以支持，在动态发展中实现环境治理。

因此，我国政府在推动产能过剩治理和促进工业高质量发展进程中，需要进一步加强环境立法和执法力度，鼓励政府、企业及消费者参与到环境规制执法之中。完善生态环境保护制度体系，加强中央政府对地方环境规制执行的监督力度，强化环境评估在工业产业项目评估中的作用，减少"三高"产业的过度投资，提高地方政府、环境规制执行机构、工业产业园区及企业在环境规制执行中的积极性和主动性。政府应以法律明确环境治理的地位和落后产能行业目录及其排放标准，明确绿色产能行业目录及其税收优惠；以法律手段保障各利益相关方的基本权利，鼓励利益相关者参与；将环境保护和可持续发展理念融入工业产品生产全生命周期中，提高环境执法的可接受度（邓翔等，2012）。

在加强环境立法的同时，中央政府也应加强对地方政府的环保督察，严格设定环保、安全及能耗标准，加强环保督察对淘汰落后产能的硬约束，保证环境执法可持续性。完善环境规制相关法律，保障环境执法的

规范性和常态化；借助法律手段保障绿色发展合法性，保障提高产能过剩合法化和规范化；规范环境执法行为，提高环境执法加速淘汰落后产能的有效性。发挥绿色金融、环境税、财政及政府补贴的作用，支持绿色发展战略的逐步实现。在新型城镇化建设过程中，地方政府应发挥环境政策在引导城市绿色发展和智能化建设中的重要作用，借助绿色技术创新对传统产业生产工艺、排污体系等环保技术升级改造，加强对传统产业业务整合，并通过招商引资、扶持绿色创新等方式着力培育高技术产业和新兴服务业发展，培育新经济增长点，推动绿色经济实践。

6.2.2 加强顶层设计，制定绿色发展战略

通过分析美国、日本及欧盟依托环境规制化解产能过剩的经验可知，政府宏观调控政策在化解产能过剩中发挥着重要作用。结合中国特色社会主义市场经济体制和地方政府主导市场经济的实际国情，以环境法律为基础，新发展阶段化解与防范产能过剩应加强顶层设计，并且制订绿色发展战略和环境行动计划，在可持续发展动态过程中化解和防范产能过剩。因此，我国政府应加强顶层设计，制定绿色发展战略，将提高产能利用率、防范和化解产能过剩作为绿色发展战略的重要内容与目标，将绿色发展战略目标的实现作为地方政府绿色发展绩效考核的重要内容，并且政府应出台配套的绿色科技、绿色金融、财政及税收政策支持绿色发展战略的落实。

6.2.3 引导产业技术创新，促进产业结构转型升级

政府应发挥在命令控制型环境规制工具制定和执行的作用，制定不同类型环境规制工具，优化环境规制工具组合，将环境政策与产业政策相结合，促进生产技术创新，助推产业结构转型升级。日本在治理钢铁产能过剩时，采用强制性"注册制"，加快淘汰落后生产设备，提高行业环境准入门槛，削减新增落后产能。因此，我国可借鉴日本借助环境规

制工具治理产能过剩的经验，由政府颁布法律、法规及制度等命令控制型环境规制提高环境硬约束，强制规定产能过剩行业的环境标准和技术设备要求，提高行业环境壁垒和技术门槛，关停技术设备不达标的工业产业项目，在生产端减少高污染、高能耗与高排放的工业产业投资，加速淘汰落后产能。强制实行注册制度，加速淘汰落后生产设备，倒逼企业由"末端治理"投资转向"技术改造"投资，推广清洁生产设备。在需求端，政府采用法律手段规定绿色产品技术标准、环境标准和产品门类，规定使用环境友好型产品，增强环境友好型产品的市场竞争力。在生产端和需求端双管齐下，借助命令控制型环境规制助力技术革新，在微观层面推动产业结构转型。

美国在化解产能过剩过程中，市场机制发挥着重要作用。因此，我国应继续深化市场改革，探索市场化机制，实施差异化的环境经济政策，并加强市场激励型环境规制的规制强度，激励企业绿色技术创新和绿色生产设备推广，促进产业结构调整和转型升级。由美国和日本化解产能的配套措施可知，两国都对落后产能行业增加环境税，而降低清洁行业和战略性新兴产业的环境税征收标准，并给予传统工业产业技术改造给予一定补贴，在一定程度上减少落后产能产业投资，限制传统行业发展，促进清洁行业和战略性新兴产业的发展。因此，在化解产能过剩、促进绿色发展过程中，我国政府可以对落后产能行业加大环境税征收力度，降低清洁行业和战略性新兴产业环境税收标准。在制定环境规制工具时，配套实施绿色金融和绿色财政政策，发挥绿色金融和绿色财政在引导绿色投资、绿色技术创新及绿色消费等方面的重要作用，配套化解产能过剩，培育新兴产业，加快产业结构转型，促进新旧动能转换。

欧盟则通过制定可持续发展战略，将环境目标以法律形式融入综合发展决策之中，转变经济发展模式，并采用创新技术政策促进产业技术推广等政策，在动态发展中实现环境保护的目标。因此，在动态发展中化解和防范产能过剩，我国政府应借鉴欧盟的可持续发展经验，制定长期可持续发展战略，以法律形式明确环境目标优先，鼓励地方政府加快转变经济发展模式，推动产业绿色化调整，培育新兴产业发展。

6.2.4 制定产业政策，加快培育新兴产业

尽管美国、日本及欧盟历史上化解产能过剩的措施对我国产能过剩治理中具有一定的借鉴意义，但是美国和日本采用对外转移过剩产业也造成了本国产业的空心化，破坏了产业完整性。因此，我国在推动"一带一路"国际产能合作、化解过剩产能过程中，需要兼顾产业完整性约束和提高产业国际竞争力的要求，在淘汰落后产能过程中，加快培育战略性新兴产业，塑造产业新竞争优势。

面向新技术革命，我国政府制定了功能性产业政策，将产业政策与环境规制相结合，提高产业政策中环境约束；在保证产业结构完整基础上，培育新技术和新产业，提高了产业国际竞争力。借鉴美国支持战略性新兴产业的财政和金融政策及日本新兴产业支持政策（马岩，2012；平力群，2013），针对高耗能和高污染行业制定严格的节能减排标准，加强环境评估在工业项目建设前的环境审核作用，采用命令控制型环境规制加速环境不达标工业项目退出，限制落后产能规模进一步扩张，引导落后产能转型和区域间转移。市场激励型环境规制与产业政策相结合，通过实施差别化的环境税（费）政策和绿色导向的产业政策，配套实施绿色金融政策、绿色财政政策、环境税及政府补贴等，推动传统产业转型，促进绿色产业的崛起，推动产业由"量"向"质"的转变（赵昌文等，2016），从而引导生产要素由传统行业流向环境技术服务等高技术产业和新兴产业。

第 7 章

环境规制视角下推动产能过剩治理的建议

环境执法为环境管理的主要手段，是政府环境执法部门依照相关法律法规对企业进行监督管理的活动，对推动生态文明法律制度建设和工业绿色转型具有重要意义。环境执法的核心要素包括执法理念、执法模式、执法体制、执法手段及执法监督与责任等五个方面，具体形式包括环境行政许可、排污收费、现场检查、"三同时"验收、限期治理、调查取证、环境行政处罚等。其中，环境执法实际执行力度对环境治理效率具有直接作用，从而对企业绿色生产经营、地区产业结构及绿色技术创新产生重要影响。因此，从环境规制视角研究产能过剩治理问题，势必需要分析环境执法态势及其对产能过剩的积极和消极影响。结合新时代高质量发展的要求及供给侧结构性改革的重要任务，本章进一步提出完善环境规制体系的建议，从而更加有效地服务于产能过剩治理。

7.1　中国环境执法态势

7.1.1　环境保护法律体系不断完善

改革开放 40 余年以来，我国环境政策体系不断完善，经历了起步阶段、确立阶段、完善加强阶段、战略转型阶段及全面提升阶段（张小筠和刘戒骄，2019）。就全国层面而言，制定严厉的环境保护法律法规，促使严格的环境执法有法可依。改革开放以来，我国环境立法工作经历了萌芽阶段、起步阶段、完善阶段、发展阶段及全面提升阶段，为地方加强环境立法和严格环境执法提供了重要参考。

与此同时，环境执法也取得了长足进展，体现为环境执法理念革新、执法手段不断丰富及执法模式更加多元化等方面（刘明明，2018）。面对日益严峻的生态环境问题，中央政府不断加强环境立法工作，加大对地方政府环境污染治理的垂直监督力度，逐步建立对地方政府绿色发展考核体系。从中央到地方，"大环保"的工作格局已经形成；环境执法严格程度、处罚频次及处罚力度都显著提高，环境执法趋于严格成为必然。

7.1.2　环境执法进入新阶段

党的十八大以来，中央政府高度重视生态文明体制改革，自上而下倒逼环境执法进入新阶段。党的十八大报告提出"全面落实经济建设、政治建设、文化建设、社会建设、生态文明建设五位一体总体布局"，将生态文明地位提高到前所未有的战略高度，中央政府生态文明体制改革力度空前。《国务院关于印发〈大气污染防治行动计划〉的通知》（以下简称"大气十条"）、《国务院关于印发水污染防治行动计划的通知》（以下简称"水十条"）、《土壤污染防治行动计划》（以下简称"土十条"）的相继发布，以及2015年《生态文明体制改革总体方案》的制定，为多领域严格环境执法提供了法律保障。"三大攻坚战"和五大新发展理念明确了环境污染治理的目标与时限，指明了未来发展道路。其中，2014年，修订的《中华人民共和国环境保护法》明确将"使环境保护工作同经济建设和社会发展相协调"修改为"使经济社会发展与环境保护相协调"，提出在处理经济发展和生态环境保护关系时，需要"坚持环境保护优先"原则，提出"按日连续处罚""查封扣押""限产停产"等具体执法办法,在法律上改变环境执法让位于经济增长的局面,为严格环境执法提供了重要的法律依据和强有力的驱动。

此外,《生态文明建设目标评价考核办法》《环境保护督察方案(试行)》《关于省以下环保机构监测监察执法垂直管理制度改革试点工作的指导意见》《党政领导干部生态环境损害责任追究办法(试行)》等政策文件的制定及其相关制度的施行,将环境保护目标、地方政府官员绩效考核相挂钩,从以自上而下最严格的法律制度倒逼环境严格执法,转变到驱动地方环境部门主动严格执法。更为重要的是,环保部、公安部及最高检察院分别于2013年和2017年印发了《关于加强环境保护与公安部门执法衔接配合工作的意见》《环境保护行政执法与行政司法衔接工作办法》,规定了环保、公安部门及司法部门之间的工作机制,实现了环境执法与刑事司法衔接,加大了对环境违法的惩处力度。

7.1.3　地方政府环境执法力度不断加大

尽管由于中央政府对地方政府监督不足,一些地方保护主义严重及环境管理体制问题等多种因素,导致"重立法、轻执法"局面长期存在,但是在严格立法、垂直监管及绿色发展考核等中央新政的作用下,地方政府环境执法力度由弱变强,环境执法效果逐渐显现,具体体现在各省份在环境规制公共财政支出、排污费解缴入库户金额、环境染治理投资总额等政府与企业环境污染治理费用方面,以及环境强制性审核完成数、当年颁布环境部门规章、环境行政处罚案件数及基层环境执法机构数和人数等方面。由图7-1、图7-2和图7-3可知,2010年以来,地方环境执法监察公共财政支出不断上升。尤其是党的十八大以来,环境执法监察公共财政支出逐年上升,2014年突破15亿元,2018年逼近20亿元。在中央政府环保督察压力下,2017年全国各地区排污费解缴入库总额超过200亿元,2017年各地区环境污染治理投资总额逼近10000亿元,占GDP比重为1.2%。

图 7 - 1　环境执法公共财政支出

资料来源：Wind 数据库。

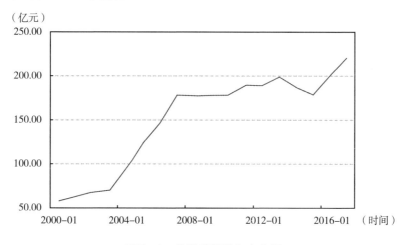

图 7 - 2　排污费解缴入库金额

资料来源：Wind 数据库。

地方政府环境执法由软变硬，进入严格执法新阶段，也体现在当年颁布环境部门规章数、环境行政处罚案件数、底层环境执法机构数和执法人数等微观衡量指标上。地方环境部门法规和规章的颁布，为基层环境执法部门提供了执法依据。环境行政处罚和强制性审核保证了基层环境执法部门的权威性。由图 7 - 4、图 7 - 5 和图 7 - 6 可知，2007 ~ 2015 年环境强制性审核完成数由 1430 件上涨到 6920 件，增长了 3.8 倍。2014 年当年地方环境部门颁布规章 29 件，2000～2013 年当年环境行政处罚案件由 5.5 万件增长到 14 万件。地方环境部门规章和强制性审核的增多，为地方环境部门环境执法提供合理的法律依据，提高了环境执法强制性。

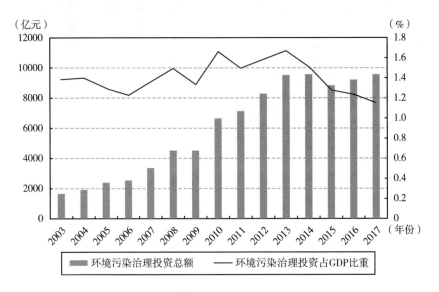

图 7 − 3　环境污染治理投资总额及占 GDP 比重

资料来源：Wind 数据库。

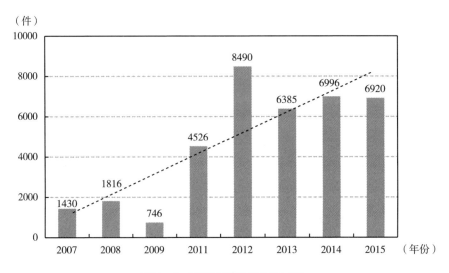

图 7 − 4　环境强制性审核完成数

资料来源：Wind 数据库。

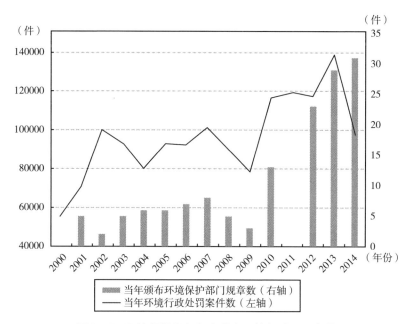

图 7-5 环境保护部门规章数和环境行政处罚案件

资料来源：Wind 数据库。

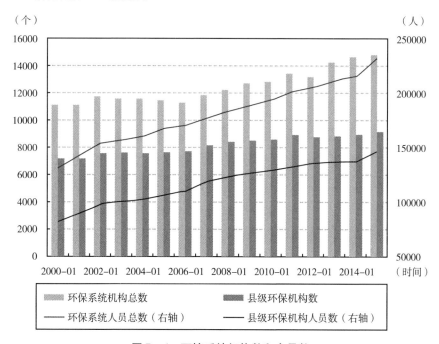

图 7-6 环境系统机构数和人员数

资料来源：Wind 数据库。

7.1.4　地方政府环境执法能力不断提高

环境执法队伍建设为严格环境执法提供能力保障。2000~2015年，各省份环境系统机构数和基层环境执法人员数也出现大幅度增长，环境执法组织和执法队伍不断强大，为环境执法提供强力支持。具体来看，2000~2015年，各地区环境系统机构数总数（包括环保系统行政主管部门及其所属事业单位、社会团体）由1.1万个增加到1.5万个，环保系统人员数由14万人增长到23万人。在县级层面，环保机构数由7000个增长到8000个。县级层面环保系统人员数由10万人增长到15万人。

在地方环境监管执法过程中，实行"双随机、一公开"的监管制度，提高事中事后环保执法的透明度。2017年，全国日常环境执法中采取"双随机、一公开"方式开展执法63.26万次，随机抽查并查处环境违法问题3.79万个；建立环境执法人员信息库2428个，入库环境执法人员4.69万人，建立污染源监管动态信息库2960个，涵盖污染源企业80.95万家。根据以上分析可知，地方政府环境执法机构、执法队伍、执法力度及执法能力的增强佐证了环境执法趋严的态势。

7.2　中国环境执法对产能过剩治理的影响

7.2.1　环境执法对产能过剩治理的积极影响及存在的问题

党的十八大以来，环境执法趋严成为必然趋势。绿色发展绩效考核制度、环保约谈制度、环保督察制度、省以下环保机构监测监察执法垂直管理及排污许可制度等改革，不仅提高了中央政府对地方政府的监督能力和基层环境执法机构的独立性，而且实现了由"督企"向"督政"的转变，引导地方政府积极主动地支持环境执法部门开展环境保护工作，对地方经济绿色发展起到积极推动作用。

7.2.1.1 环境执法对产能过剩治理的积极作用

环境执法是环境管理的主要手段，以强大的行政权力作为后盾，对企业生产经营活动和政府经济发展行为具有重要约束作用。环境执法有法可依、执法手段多样及执法力度趋严的态势，对工业企业绿色技术创新与绿色投资行为、地方政府招商引资行为具有引导作用，对区域产业结构转型升级及经济高质量发展产生深远影响，有力地防治了工业产能过剩。

环境执法趋严对企业和政府等主体行为产生积极影响，激励微观主体参与到产能过剩治理过程中。排污收费的增加促使"创新补偿"效应逐步显现，激励企业由末端治理转向加大绿色技术创新投资，提高工业企业绿色创新能力（杨朝均等，2018），引导工业企业绿色投资决策，加速淘汰低效企业退出市场。环境行政审批和行政处罚趋严一定程度上减少了高环境风险的低端产业审批通过的可能性，提高了环境行政审批对产能过剩治理的限制作用。

严格环境执法可以提高地方政府绿色发展意识，打破地方政府、环境监管机构及排污企业之间的"合作共赢"的局面，倒逼地方政府行政官员转变绩效观念，从短期经济绩效转向长期绿色发展绩效，引导地方政府绿色发展行为，进而在地方政府层面减少"三高"产业过度投资，打破地方政府低端产能重复建设的模式，防范新增落后产能。其中，2013 年 12 月，中组部印发了《关于改进地方党政领导班子和领导干部政绩考核工作的通知》，"要求从制度层面纠正单纯以经济增长速度评定政绩的偏向，引导领导干部树立正确的政绩观"，对于强化政府目标责任、加快形成经济发展模式转变的倒逼机制，发挥了重要的带动作用。结合绿色发展绩效考核体系，逐步趋严的环境行政许可和"三同时"验收等环境执法手段，有助于引导地方政府强化招商引资绿色偏好，加强地方政府对外商直接投资环境评估力度，提高外商直接投资质量，减少环境规制"非完全执行"现象的发生，加强环境执法对落后产能的限制作用。

在产业层面，严格环境执法淘汰落后产能，促进区域产业结构绿色调整和产业结构优化升级，促进经济高质量发展，从而减少产能过剩发生的可能性。随着环境行政审批趋严，环境规制对地方政府招商引资和生产经营活动形成环境执法硬约束，减少"三高"行业新增产能，提高行业集中度。严格环境执法助推绿色生产技术与绿色服务等新兴产业的兴起，培育新的经济增长点，提高产品或服务附加价值，有助于带动区域绿色技术创新和经济高质量发展。

此外，在宏观层面，严格环境执法对推动供给侧结构性改革、培育经济增长新动能及推动构建经济高质量发展体系具有重要的推动作用，对提高产能利用率、防范产能过剩具有深远意义。

7.2.1.2　环境执法对产能过剩治理的主要问题

严格环境执法以其强制力和硬约束等特征成为环境管理的主要手段，对产能过剩治理产生一定的积极作用。然而，由于存在执法强度难以控制且灵活性差、环境执法行为难以监督、环境执法滞后性、环境执法行政干预强及环境执法能力难以保障等主观与客观原因，环境执法对提高产能利用率水平和促进经济绿色发展也存在明显的消极影响。

环境行政处罚难以监管，导致行政处罚不当甚至违法执行。当环境执法属地管理时，地方政府过度干预，导致环境执法机构独立性缺失。国务院出台了《关于省以下环保机构监测监察执法垂直管理制度改革试点工作的指导意见》，采取取消属地管理、将市县环保部门职能上收并且强化地方政府环境责任等措施进行垂直管理改革，弱化了地方政府对环境执法机构的行政干预，在一定程度上增强环境执法强制性。但是，环境执法行为难以监督，存在过度执法甚至违法执法，对短期内关停落后产能企业有一定的积极作用，而不利于企业长期绿色技术创新和转型，从而对长期产能利用率的提升产生不利影响。

环境执法具有滞后性、执法成本高及效率低下的特点，难以应对灵活的生产经营行为，造成"一收就严，一放就松"的局面，难以实现环境治理和产能过剩治理双赢的目标。环境行政执法是针对已造成环境污染的生产经营行为，属于事中事后监督，而缺少事前防控和引导，具有一定滞后性。例如，环境行政执法人员为避免出现环境问题而影响其绩效考核，倾向于增加环境行政处罚力度。在技术手段落后和执法能力不足的情形下，环境执法人员目标与地区经济绿色发展目标相违背，导致"一刀切"现象频发，不利于引导企业绿色生产行为、绿色技术创新及区域产业绿色转型，导致环境行政执法不利于长期产能利用率提升。

此外，趋严的环境执法也在一定程度上削弱市场机制配置资源的作用，不利于环境资源配置效率的提高，不利于市场机制化解产能过剩。严格的环境执法趋严在一定程度上强化了环境执法对企业投资行为的行政干预，削弱了市场机制在配置资源的效率，进一步加剧了市场扭曲和资源错配，从而不利于借助市场机制化解产能过剩。

7.3　完善环境规制促进产能过剩治理的建议

完善环境规制体系，促进产能过剩有效治理，需要从环境规制视角出发，构建市场主导、政府引导、企业驱动、群众监督的联防联动机制，完善环境规制工具，引导社会共治，借助环境规制推动工业产业转型升级，提高产能利用率，有效地防范产能过剩风险。因此，基于理论分析和实证研究结论，本书借鉴先进工业国家环境规制在产能过剩治理中的重要作用，结合环境执法对产能过剩治理的影响，以及供给侧结构性改革中"去产能"的政策措施，提出以下五点建议。

7.3.1　加强环境立法，推动环境制度创新

结合美国政府借助环境规制促进产能过剩治理的经验可知，美国政府制定许多环境法律，确保环境政策的合法性。日本在借助环境规制工具治理产能过剩时，积极推动制度创新，并将环境政策融入财政、税收金融及产业政策中。欧盟制订环境行动计划，以立法形式明确环境治理

的优先地位，将可持续发展理念融入经济发展的综合决策之中。

因此，在借助环境规制组合提升产能利用率时，本书认为我国应加强环境立法，在内容、形式及结构上完善环境立法，突出体现绿色发展理念；针对落后产能行业制定实施细则，以环境立法明确落后产能行业的排放标准和技术标准，并加大对落后产能违法排污的惩罚力度；针对落后产能行业，提高环境执法力度和能力，重视环境政策监督，依法保障环境政策科学规范执行，提高命令控制型环境规制在过剩产能全过程治理的有效性。以立法形式明确环境治理目标优先地位，制订环境行动计划，相应地制定配套政策支持政策落地，引导工业企业在动态发展过程中践行绿色发展理念，从而达到化解和预防产能过剩的目的。

加快推动制度创新，使环境政策更好地服务于产业高质量发展，在产业高质量发展中防治产能过剩。推动环境制度创新，激励工业企业和消费者自主参与到绿色发展和绿色消费环节中来，从供给和消费端共同推动工业高质量发展，在动态发展过程中防止产能过剩。研究表明，与未被约谈地区相比，中央政府环境执法监督显著作用于被约谈区域企业环境成本、环境处罚力度和企业环保投资，提高企业绿色技术创新水平，从而促进了企业绿色转型。因此，中央政府应加强对环境治理不达标的地方政府行政官员环保约谈，加快关停技术落后、效率低下及"三高"企业，从而形成对地方政府绿色招商引资、产业项目选择及承接区域产业转移的环境硬约束，减少环境质量不达标的产能投资。

7.3.2　完善环境治理体系，实现科学环境督察

在以地方政府主导的市场经济中，尽管中央政府完善了对地方政府绿色发展考核，但是在以经济增长速度为竞争标尺的晋升"锦标赛"模式下，地方政府追求短期经济增长绩效和低端产业重复性建设已成为常态。由于央地政府之间信息不对称和监管成本高，中央政府对地方政府难以形成环境规制硬约束，导致环境规制化解产能过剩的作用大大降低。因此，在中央层面，中央政府应加强顶层设计，不仅要加强环境督察力

度，而且要完善环境治理体系，实现科学合理的监督管理。

环境部门垂直管理改革也在一定程度上提高了环境执法机构的独立性，减少了地方政府对环境监测和环境执法的行政干预，有利于加强环境执法监督。然而，由于环境执法人员整体素质不高、执法范围难以界定及对环境执法人员监督缺位，导致环境执法不合法、不科学及出现"一刀切"现象发生。因此，在推行环境管理体制垂直改革的同时，不仅需要提高环境执法队伍整体素质，而且需要加强对环境执法部门的考核与监督，提高环境执法科学性。省级层面环境执法机构制定环境执法人员的考核与奖惩方案，制定环境执法清单，并进一步明确环境执法程序与责权范围，减少环境执法违法行为。实施区域间联合环境执法，提高区域间环境执法协作能力和执法水平，引导落后退出市场。

中央政府大力推行环境监管"垂直管理"改革，加强对地方政府环保监督强度，提高地方环境规制部门执法独立性，由"督企"转向"督政"，提高地方政府在经济发展过程中的环保责任意识和生态"红线"意识，强化地方政府经济发展过程中的环境硬约束。同时，结合环境领域反腐倡廉实践，重新塑造健康的政企关系，加强反腐败对环境规制的支撑作用，纪委部门、司法部门与环境执法部门联合执法，加强环境行政许可、环境行政处罚及"三同时"制度对建设项目的筛选作用，"挤压"环境领域腐败的空间，强化环境规制对产能利用率的提升作用。

7.3.3　完善地方政府绿色发展考核体系

完善地方政府的绿色发展考核体系，将化解和预防产能过剩及可持续发展战略融入经济发展决策中。在以经济增长为竞争标尺的政治晋升模式下，地方政府间的经济竞赛扭曲了经济发展行为，具有放松环境规制"逐底"竞争引资的激励。

因此，本书认为，从环境规制视角引导地方政府绿色发展行为，防治产能过剩，需要进一步完善地方政府绿色发展绩效考核体系，将产能过剩治理纳入地方政府绿色发展绩效考核体系之中，从而将可持续发展理念融入地方政府经济发展决策之中。在供给侧结构性改革中，对已存在的落后产能，作为地方政府绿色发展绩效考核的短期约束型指标，明确责任清单，实行严格的问责制，激励地方政府加大力度淘汰落后产能。而对于未来地方政府发展实践问题，本书认为，应将绿色创新技术与服务（投入和产出）、产业结构转型升级、环保产业及新兴产业园区建设等绿色发展型指标，纳入长期绩效考核指标体系中，并增加长期绩效考核指标的权重。同时，将地方政府绿色发展绩效考核与领导干部晋升激励相挂钩，逐步改变竞争标尺，引导地方政府经济发展由"逐底竞争"逐步转向"逐顶竞争"，激励地方政府逐步落实可持续发展战略。

7.3.4　优化环境规制组合，提高环境规制效率

结合供给侧结构性改革中的"去产能"目标，结合实证研究结果，本书认为政府部门应优化环境规制工具组合，发挥市场激励型环境规制在实现环境治理和产能利用率提升双赢目标中的灵活性与有效性，优化产能产出，提高环境规制提升产能利用率的效率。考虑环境规制工具对产能过剩作用的机制和环境规制工具有效性的差异，结合市场激励型、命令控制型及非正式环境规制工具特点，以及经济发展水平、产业技术创新程度和产业结构差异，需要优化环境规制工具组合，结合环境经济政策改革，并将其融入产业政策之中，由制衡产业发展转变成为引导产业绿色发展。

在绿色发展实践中，借助控制命令型环境规制提高其对产能投资的环境硬约束作用。中央政府应借助命令控制型环境规制，积极推进落实绿色发展和生态文明建设，提高地方政府环境保护意识和绿色发展观念；强力执行命令控制型环境规制手段，强化地方政府生态"红线"意识，限制"三高"产业发展，加强命令控制型环境规制在工业建设项目中的环境审核作用。深化"垂改"，加强命令控制型环境规制垂直监督力度，按照相关法律法规科学执法，加强环境规制执法机构与经济发展部门之间的合作，从加强事中事后控制到提高事前控制。同时，加强环境执法

机构与公安部门、司法部门之间的合作，提高环境执法部门在关停落后产能产业执法中的权威性。

在绿色发展实践中，借助市场激励型环境规制工具引导绿色发展，激励企业绿色投资和创新，形成绿色发展良性循环，从而从供给端减少过剩产能。参考美国、日本及欧盟借助环境政策化解产能过剩的经验，中央政府制定绿色财税政策、绿色金融、绿色信贷、绿色科技政策及绿色产业政策，支持企业绿色投资和产业技术变革，逐步建立绿色市场体系，增强绿色产品、绿色技术和服务的市场认可度，从需求端减少过剩产能。地方政府在招商引资中，借助市场激励型环境规制引导绿色投资，给予高质量外资一定的税收优惠，提高地方政府招商引资质量；给予财政政策、绿色金融政策及产业政策支持，鼓励环保产业等新兴产业发展，引导区域工业经济绿色发展。

工业项目建设过程中，发挥非正式环境规制的监督作用。作为非正式环境规制工具，公众参与对环境污染治理、改善环境质量起到一定积极作用。然而，受环境信息不对称和公众参与渠道的限制，公共参与对环境质量的提升作用具有明显的滞后性，难以在工业产业环境评估中发挥作用。尽管 2018 年生态环境部出台了《环境影响评价公众参与办法》，但是如何保障社会公众方便获取信息、积极参与及全程监督成为能否实现有效监督的重要前提。因此，在进一步推动公众参与环境评估时，需要进一步健全环境信息公开制度和信访制度，借助新媒体等网络信息技术拓展公众参与渠道，减少公众参与环境问题的机制障碍，健全反馈机制（肖汉雄，2019），拓宽工业产业项目建设环境评估公众参与路径，提高公众参与在建设项目环境评估、环境风险评估中的监督力度，形成多元一体的环境治理机制，在源头减少环境不达标、低端落后产能项目上马，从而在一定程度上起到治理产能过剩的作用。

7.3.5　加强环境执法人员业绩考核，提高执法人员整体素质

环境执法作用于产能过剩治理，关键在于通过加强环境执法力度，

提高环境执法规范程度，发挥环境经济政策对企业绿色投资、绿色技术创新和产业结构转型升级的激励作用，加快落后产能退市，在源头促进产业绿色转型，推动区域绿色发展。

环境执法人员对环境规制硬约束起到了重要影响。环境执法人员素质是环境执法能力的有效保障。但是，目前我国一线环境执法人员素质参差不齐，执法队伍成分复杂，严重影响了环境执法有效性（袁强，2019），不利于环境执法对工业产业绿色发展和产能过剩治理的正向促进作用。因此，应进一步完善环境执法人员绩效考核，提高基层环境执法人员工资水平，增强执法人员驱动力；提高环境执法人员学历门槛、技术门槛及资格门槛，优化环境执法队伍结构，并且对环境执法人员进行环境法律法规、执法程序等方面的专业培训，逐步提高环境执法人员整体素质和执法能力；在加强环境执法队伍建设的同时，提高环境执法配置设施，提高基层环境执法实力，由威慑型执法转向柔性执法（胡苑，2019），从而积极推动区域产能利用率水平提高。

第 8 章

结论与展望

8.1 主要研究结论

后金融危机时代，绿色发展已成为全球共识。随着环境问题日益严峻，发达工业经济体率先致力于探索绿色发展道路。在全球绿色发展背景下，我国政府顺应时代趋势，积极制定环境经济政策和产业政策，试图从环境规制视角倒逼工业产业调整与转型升级，推动工业绿色发展。改革开放以来，我国经济发展取得了巨大成就，成为世界第二大经济体。然而，在快速发展过程中，也造成了严峻的环境问题和频发的产能过剩问题，严重制约了产业结构转型升级，阻碍了我国经济高质量发展。尽管我国政府在一定程度上加大环境污染治理和抑制落后产能方面的投资力度，但是仍难以实现环境质量提高和产能利用率提升双赢的目标。因此，如何转变经济发展方式，实现环境污染治理和防范产能过剩，推动工业绿色发展，从而实现由数量型增长转向质量型增长的目标成为亟待解决的重要问题。基于此时代背景，本书从环境规制视角出发，探索提高产能利用率的机制和路径，不仅在一定程度上丰富了环境规制理论，而且拓展了产能过剩治理和工业绿色发展的思路，具有重要的理论意义和实践意义。

　　长期以来，研究者们以环境库兹涅茨曲线为基础，探索经济发展与环境污染之间的关系，并且提出环境污染问题会随着经济发展水平的提高而得到解决。在后续研究中，研究者在经济发展与环境污染之间引入环境规制变量，实证研究环境规制对二者形态关系的影响。但是，这些研究是在环境库兹涅茨曲线下引入环境规制变量，是以经济增长为出发点。随着环境问题的凸显，政府尝试提高环境规制强度，选择合适的环境规制工具，以求促进工业经济绿色发展。研究者从环境规制视角出发，基于"波特假说"和"污染避难所假说"等，探索如何通过制定恰当且严格的环境规制反向作用于经济发展，促进工业绿色发展，从而提高环境质量和工业经济双赢。此类研究是以环境规制作为逻辑出发点，尝试探究环境规制是否起到倒逼经济发展方式转变和工业绿色转型的作用。因此，本书遵循此逻辑，从环境规制视角出发，研究如何通过制定恰当且严格的环境规制，倒逼工业产业绿色调整和转型，提高产能利用率水平，从而实现环境污染和产能过剩治理双赢的目标。

　　因此，本书在分析国内外研究背景，梳理国内外研究文献，构建环境规制作用于产能过剩的机制，以及围绕作用机制提出相关假设的基础上，基于2001～2017年我国省际面板数据和制造业行业面板数据，采用机器学习（套索法和随机森林法）、面板固定效应模型、调节中介效应、系统广义矩估计（GMM）及门槛效应等计量方法进行实证分析，尝试探索环境规制与产能利用率之间的关系，比较分析环境规制工具的有效性，进一步探索环境规制作用于产能过剩的机制，以及环境治理和产能利用率提升双赢的路径。借鉴先进工业国家和地区产能过剩治理经验，总结出从环境规制视角治理产能过剩的经验启示。并且，在分析我国环境执法逐渐趋严的积极影响和存在问题的基础上，提出完善环境规制体制、提高产能利用率的建议。基于上述理论分析、假说和实证检验，本书得出以下以下几点结论。

　　第一，环境规制在一定程度上能够起到提升产能利用率的作用。

　　由省际层面的数据分析可知，环境规制与工业产能利用率之间呈"U"形形态关系，即随着环境规制强度的提高，"遵循成本效应"显著，一定程度上降低了工业产能利用率；而随着环境规制强度的提高，超过了规制强度的"拐点"，"创新补偿效应"逐渐显现，环境规制提高了工业产能利用率，有助于化解工业产能过剩。

由制造业行业层面数据分析可知，环境规制与制造业产能利用率之间呈倒"U"形形态关系，即随着环境规制强度的提高，在一定程度上提高了制造业产能利用率，有助于化解制造业产能过剩；随着环境规制强度的提高，超过了规制强度的"拐点"，在一定程度上降低了制造业产能的利用率，反而不利于化解产能过剩。通过门槛回归分析可知，环境规制对制造业行业产能利用率的作用存在"门槛"效应；在环境规制强度低于门槛值时，环境规制对制造业行业产能利用率呈现负向作用；当环境规制强度超过门槛值时，环境规制对产能利用率的负面作用更加显著。

第二，环境规制可通过技术创新和产业结构作用于产能利用率。

基于我国省际面板数据分析可知，技术创新和产业结构在环境规制作用于工业产能利用率之间起到中介效应。产业结构在环境规制作用于产能利用率之间起到部分中介效应。环境规制不仅直接作用于工业产能利用率，而且还通过中介变量产业结构间接地影响工业产能利用率。技术创新在环境规制作用于产能利用率之间起到完全中介效应。环境规制对工业产能利用率具有直接影响，对工业产能利用率起到了先抑制后促进的作用。而且，环境规制还通过技术创新间接地作用于工业产能利用率，显现出完全中介效应。并且，产业结构对技术创新中介效应起到调节作用，主要是通过产业结构与技术创新交互作用来影响工业产能利用率，而非产业结构与环境规制交互作用来影响技术创新。同样，基于制造业行业面板数据的实证研究表明，技术创新在环境规制与制造业产能利用率之间起到了完全中介效应；并且，对外开放程度与环境规制共同作用影响技术创新，从而对技术创新的中介效应起到调节作用。

第三，环境规制对产能利用率的提升作用存在异质性。

环境规制对提升工业产能利用率存在工具异质性。基于省际层面和制造业行业层面的面板数据实证研究均显示，相比较于命令控制型环境规制，市场激励型环境规制能更加显著地提高工业产能利用率水平。而现阶段，公众参与型环境规制对提高产能利用率的效果并不显著。

通过采用分位数进行实证分析，环境规制对工业产能利用率的促进作用具有明显的分位数异质性。实证结果显示，当产能利用率水平较低时，环境规制对产能利用率提升作用显著，更加有助于化解产能过剩；随着产能利用率水平的提升，环境规制促进产能利用率水平提升的作用逐步减弱。

环境规制对产能利用率的提升作用存在区域异质性。在东部经济发达地区，环境规制与工业产能利用率之间呈现"U"形形态关系，反映出在东部地区环境规制提升产能利用率的作用比较明显。而对于中西部地区，环境规制对工业产能利用率的提升作用并不明显。此外，环境规制对提升产能利用率存在时间异质性和明显的行业异质性。

第四，经济增长目标与环境规制交互作用对产能利用率的促进作用并不显著。

在实证研究中引入经济增长目标及其与环境规制交互项时，实证结果表明经济增长目标二次项系数显著为正，说明了经济增长目标与地区工业产能利用率之间呈现"U"形形态关系，反映了经济增长目标对产能利用率起到了先抑制后促进的作用。环境规制和经济增长目标交互项系数为正数（但并不显著），说明目前经济增长目标与环境规制的交互作用对产能利用率正向促进作用并不明显，反映出经济增长目标中环境绩效目标作用逐渐加强，由单一的经济增长预期目标逐渐融入环境约束型指标，地方政府经济增长目标更加注重资源环境约束和绿色发展，可以在一定程度上起到提升产能利用率的作用，从而实现环境治理和产能利用率提升双赢的目标。

第五，地方政府竞争与环境规制交互作用对产能利用率的促进作用并不明显。

在实证研究中引入地方政府竞争变量时，实证结果表明地方政府竞争一次项系数在5%水平上显著为正，二次项系数为负，说明了地方政府竞争在一定程度上促进了地区工业产能利用率的提升。而随着地方政府竞争强度的提升，过度的地方政府竞争可能对地区产能利用率产生一定的消极影响。当回归方程中引入地方政府竞争与环境规制交互项时，交互项系数为正且不显著，说明了地方政府竞争与环境规制交互作用对产能利用率的正向促进作用并不显著。

第六，反腐败与环境规制交互作用对产能利用率起到促进作用。

通过在计量回归方程中引入反腐败及其与环境规制交互项，本书实证结果显示，反腐败在 10% 水平上显著为正，说明反腐败能起到提升地区工业产能利用率的作用。反腐败与环境规制交互项为正（但并不显著），说明反腐败与环境规制的交互作用能起到提升产能利用率的作用，但这种提升作用效果并不明显。

8.2　研究局限性与未来展望

8.2.1　本研究局限性

在分析国内外经济发展背景、梳理国内外研究文献的基础上，本书研究了环境规制对产能利用率作用的理论基础和作用机制，基于省际面板数据和制造业行业面板数据进行实证验证，并进一步探索了地方政府竞争和经济增长目标对环境规制作用于产能利用率的影响，对提高产能利用率、化解和防范产能过剩及促进工业绿色发展具有重要意义。

然而，应该指出的是，本研究也存在一定的局限性，主要包括以下四个方面。第一，考虑到在研究阶段环境规制主要作为环境污染治理的工具而用于环境污染，而产能过剩对环境政策的制定并未产生显著影响，本书逻辑起点是环境规制作用于产能利用率，进而实证研究环境规制对产能利用率的影响及作用机制，并未探索产能利用率对环境规制的反向作用及其引起的内生性问题。第二，本书论述了不同类型环境规制工具对提升产能利用率有效性的差异，以及实证检验了环境规制作用于产能利用率的机制，但是并未进一步区分不同类型环境规制作用于产能过剩的机制差异性。第三，本书将地方政府行为作为整体，仅仅探索了地方政府行为对环境规制作用于产能利用率的影响。然而，由于地方政府内部因素和个体特征差异及其数据可获得性差，本书并未进一步挖掘地方政府内部因素及其对产能过剩治理影响的异质性。第四，本研究采用定性和定量分析结合的方法，来分析环境执法趋严对提升产能利用率、化解产能过剩的积极作用和消极影响，但由于环境执法对产能过剩影响的政策评估体系不完善、方法不确定，本书并未进一步对环境执法变化及环境规制体制变化产生的影响进行定量评估和实证检验。此外，本书实证研究的数据基础为省际面板数据和制造业面板数据，缺少地级市层面和企业层面数据，难以反映地方政府之间的互动关系和微观企业行为变化对提升产能利用率的影响。

8.2.2　未来研究展望

针对上述研究不足分析，本书提出在未来的研究中做到以下几点拓展：第一，考虑环境规制与产能利用率之间的双向因果关系，分析产能利用率对环境规制的作用，从提高产能利用率、化解和防范产能过剩的角度出发，探究有效的环境规制工具和规制强度。第二，进一步挖掘环境规制作用于产能利用率的机制，并进一步分析不同类型环境规制作用机制的差异。第三，深入分析中央政府与地方政府关系变化对环境执法的影响，分析地方政府内部因素和政企关系变化对环境规制的影响，探索对工业产业结构和技术创新的影响，分析这种影响是否有助于提升产能利用率，进而探索有助于提升产能利用率的环境管理制度。第四，在获得地级市层面和企业层面的数据基础上，分析环境规制对提升产能利用率的微观动机。

参 考 文 献

[1] 阿尼尔·马康德雅倩, 雷纳特·帕利特. 环境经济学辞典 [M]. 朱启贵, 译. 上海: 上海财经大学出版社, 2006: 136.

[2] 白让让. 竞争驱动、政策干预与产能扩张——兼论"潮涌现象"的微观机制 [J]. 经济研究, 2016 (11): 56 - 69.

[3] 白雪洁, 于志强. 晋升博弈、竞争冲动与区域性产能过剩 [J]. 经济与管理研究, 2018, 39 (1): 78 - 92.

[4] 毕茜, 于连超. 环境税的企业绿色投资效应研究——基于面板分位数回归的实证研究 [J]. 中国人口·资源与环境, 2016, 26 (3): 76 - 82.

[5] 薄文广, 徐玮, 王军锋. 地方政府竞争与环境规制异质性: 逐底竞争还是逐顶竞争?[J]. 中国软科学, 2018 (11): 76 - 93.

[6] 曹献飞, 裴平. 企业 OFDI 能促进中国经济高质量发展吗? ——基于产能治理视角的实证研究 [J]. 中央财经大学学报, 2019 (11): 96 - 104.

[7] 陈刚. FDI 竞争、环境规制与污染避难所——对中国式分权的反思 [J]. 世界经济研究, 2009 (6): 3 - 7, 43, 87.

[8] 陈红蕾, 陈秋锋. "污染避难所"假说及其在中国的检验 [J]. 暨南学报 (哲学社会科学版), 2006 (4): 51 - 55, 150.

[9] 程晨, 李贺. 环境规制与产业结构调整: 一个非线性关系验证 [J]. 河南社会科学, 2018, 26 (8): 84 - 89.

[10] 程都, 李钢. 环境规制强度测算的现状及趋势 [J]. 经济与管理研究, 2017, 38 (8): 75 - 85.

[11] 程俊杰. 产能过剩的研究进展——一个综述视角 [J]. 产业经济评论, 2017 (3): 72.

[12] 程俊杰. 转型时期中国产能过剩测度及成因的地区差异 [J]. 经济学家, 2015 (3): 74 - 83.

[13] 程俊杰. 转型时期中国地区产能过剩测度——基于协整法和随机前沿生产函数法的比较分析 [J]. 经济理论与经济管理, 2015 (4): 13 - 29.

[14] 邓慧慧, 杨露鑫. 雾霾治理、地方竞争与工业绿色转型 [J]. 中国工业经济, 2019 (10): 118 - 136.

[15] 邓翔, 瞿小松, 路征. 欧盟环境政策的新发展及启示 [J]. 财经科学, 2012 (11): 109 - 116.

[16] 董敏杰, 梁泳梅, 张其仔. 中国工业产能利用率: 行业比较、地区差距及影响因素 [J]. 经济研究, 2015, 50 (1): 84 - 98.

[17] 董直庆, 焦翠红. 环境规制能有效激励清洁技术创新吗? ——源于非线性门槛面板模型的新解释 [J]. 东南大学学报 (哲学社会科学版), 2015, 17 (2): 64 - 74 + 147.

[18] 董直庆, 王辉. 环境规制的"本地—邻地"绿色技术进步效应 [J]. 中国工业经济, 2019 (1): 100 - 118.

[19] 杜传忠, 宁朝山. 我国两轮大规模产能过剩特征的比较与启示 [J]. 现代经济探讨, 2016 (11): 26.

[20] 杜龙政, 赵云辉, 陶克涛, 林伟芬. 环境规制、治理转型对绿色竞争力提升的复合效应——基于中国工业的经验证据 [J]. 经济研究, 2019, 54 (10): 106 - 120.

[21] 杜威剑. 环境规制、企业异质性与国有企业过剩产能治理 [J]. 产业经济研究, 2018 (6): 102 - 114.

[22] 杜威剑. 环境规制政策能够促进过剩产能治理吗? ——来自中国工业企业的微观证据 [J]. 中国地质大学学报 (社会科学版), 2019, 19 (4): 57 - 71.

[23] 樊茂清. 中国产业部门产能利用率的测度以及影响因素研究

[J]．世界经济，2017，40（9）：3-26.

［24］范洪敏．环境规制对中国工业绿色全要素生产率的影响研究［D］．长沙：湖南大学，2014：28.

［25］范玉波，刘小鸽．基于空间替代的环境规制产业结构效应研究［J］．中国人口·资源与环境，2017，27（10）：30-38.

［26］冯梅，陈鹏．中国钢铁产业产能过剩程度的量化分析与预警［J］．中国软科学，2013（5）：110-116.

［27］冯梅，孔垂颖．国内外产能过剩问题研究综述［J］．经济纵横，2013（10）：117-120.

［28］付保宗，郭海涛．美日的产能过剩及应对措施［J］．宏观经济管理，2011（3）：70-72.

［29］付东．产能过剩：微观动因与经济后果研究［D］．北京：对外经济贸易大学，2017.

［30］傅京燕，李丽莎．FDI、环境规制与污染避难所效应——基于中国省级数据的经验分析［J］．公共管理学报，2010，7（3）：65-74，125-126.

［31］干春晖，邹俊，王健．地方官员任期、企业资源获取与产能过剩［J］．中国工业经济，2015（3）：44-56.

［32］高洪成，王琳．高中低技术产业范围界定标准探析［J］．科技进步与对策，2012，29（13）：46-48.

［33］耿强，江飞涛，傅坦．政策性补贴、产能过剩与中国的经济波动——引入产能利用率RBC模型的实证检验［J］．中国工业经济，2011（5）：27-36.

［34］顾智鹏，武舜臣，曹宝明．中国产能过剩问题的一个解释——基于土地要素配置视角［J］．南京社会科学，2016（2）：31-38.

［35］郭进．环境规制对绿色技术创新的影响——"波特效应"的中国证据［J］．财贸经济，2019，40（3）：147-160.

［36］郭庆．世界各国环境规制的演进与启示［J］．东岳论丛，2009，30（6）：140-142.

[37] 郭晓蓓. 环境规制对制造业结构升级的影响研究——基于路径分析与面板数据模型检验 [J]. 经济问题探索, 2019 (8): 148 - 158.

[38] 韩国高, 高铁梅, 王立国, 等. 中国制造业产能过剩的测度、波动及成因研究 [J]. 经济研究, 2011 (12): 25.

[39] 韩国高, 高铁梅, 王立国, 齐鹰飞, 王晓姝. 中国制造业产能过剩的测度、波动及成因研究 [J]. 经济研究, 2011, 46 (12): 18 - 31.

[40] 韩国高, 胡文明. 要素价格扭曲如何影响了我国工业产能过剩——基于省际面板数据的实证研究 [J]. 产业经济研究, 2017 (2): 49 - 61.

[41] 韩国高. 环境规制、技术创新与产能利用率——兼论"环保硬约束"如何有效治理产能过剩 [J]. 当代经济科学, 2018, 40 (1): 84 - 93, 127.

[42] 韩国高. 环境规制能提升产能利用率吗? ——基于中国制造业行业面板数据的经验研究 [J]. 财经研究, 2017, 43 (6): 66 - 79.

[43] 何爱平, 安梦天. 地方政府竞争、环境规制与绿色发展效率 [J]. 中国人口·资源与环境, 2019, 29 (3): 21 - 30.

[44] 何欢浪, 陈璐. 纵向关联市场、环境政策强度和中国环保产业的发展 [J]. 商业研究, 2019 (1): 71 - 77.

[45] 何蕾. 中国工业行业产能利用率测度研究——基于面板协整的方法 [J]. 产业经济研究, 2015 (2): 90 - 99.

[46] 何晓星. 论中国地方政府主导型市场经济 [J]. 社会科学研究, 2003 (5): 27 - 31.

[47] 何晓星. 再论中国地方政府主导型市场经济 [J]. 中国工业经济, 2005 (1): 31 - 38.

[48] 贺宝成, 王家伟, 王娇杨. 地方政府竞争、法制环境与财政科技投入效率——基于 2008—2016 年省际面板数据的空间计量分析 [J]. 南京审计大学学报, 2019, 16 (3): 103 - 111.

[49] 贺京同, 何蕾. 产能利用率测度方法的比较研究 [J]. 现代管理科学, 2016 (4): 12 - 14.

[50] 贺京同，何蕾．国有企业扩张、信贷扭曲与产能过剩——基于行业面板数据的实证研究 [J]．当代经济科学，2016，38（1）：58 - 67.

[51] 侯伟丽，方浪，刘硕．"污染避难所"在中国是否存在？——环境管制与污染密集型产业区际转移的实证研究 [J]．经济评论，2013（4）：65 - 72.

[52] 胡珺，黄楠，沈洪涛．市场激励型环境规制可以推动企业技术创新吗？——基于中国碳排放权交易机制的自然实验 [J]．金融研究，2020（1）：171 - 189.

[53] 胡苑．论威慑型环境规制中的执法可实现性 [J]．法学，2019（11）：152 - 164.

[54] 黄纯纯，周业安．地方政府竞争理论的起源、发展及其局限 [J]．中国人民大学学报，2011，25（3）：97 - 103.

[55] 黄建柏，徐震，徐珊．土地价格扭曲、企业属性与过度投资——基于中国工业企业数据和城市地价数据的实证研究 [J]．中国工业经济，2015（3）：57 - 69.

[56] 黄群慧．改革开放 40 年中国的产业发展与工业化进程 [J]．中国工业经济，2018（9）：5 - 23.

[57] 黄秀路，葛鹏飞，武宵旭．中国工业产能利用率的地区行业交叉特征与差异分解 [J]．数量经济技术经济研究，2018（9）：60 - 77.

[58] 纪志宏．我国产能过剩风险及治理 [J]．新金融评论，2015（1）：3.

[59] 贾品荣．产业结构优化升级对京津冀产能化解的影响评价 [J]．中国经济报告，2019（4）：53 - 62.

[60] 贾润崧．产能过剩测量方法比较与综述 [J]．现代管理科学，2016（7）：91 - 93.

[61] 江飞涛，曹建海．市场失灵还是体制扭曲——重复建设形成机理研究中的争论、缺陷与新进展 [J]．中国工业经济，2009（1）：53 - 64.

[62] 江飞涛，耿强，吕大国，等．地区竞争、体制扭曲与产能过剩的形成机理 [J]．中国工业经济，2012（6）：44 - 56.

［63］江红莉，蒋鹏程．财政分权、技术创新与经济增长质量［J］．财政研究，2019（12）：75 - 86．

［64］江珂，滕玉华．中国环境规制对行业技术创新的影响分析——基于中国 20 个污染密集型行业的面板数据分析［J］．生态经济，2014，30（6）：90 - 93．

［65］江小国，张婷婷．环境规制对中国制造业结构优化的影响——技术创新的中介效应［J］．科技进步与对策，2019，36（7）：68 - 77．

［66］金春雨，王伟强．"污染避难所假说"在中国真的成立吗——基于空间 VAR 模型的实证检验［J］．国际贸易问题，2016（8）：108 - 118．

［67］鞠可一，周得瑾，吴君民．环境规制可以"双赢"吗？——中国工业行业细分视角下的强"波特假说"研究［J］．北京理工大学学报（社会科学版），2020，22（1）：21 - 28．

［68］李斌，陈崇诺．异质型环境规制对中国工业能源效率影响的实证检验［J］．统计与决策，2016（3）：129 - 132．

［69］李斌，彭星，欧阳铭珂．环境规制、绿色全要素生产率与中国工业发展方式转变——基于 36 个工业行业数据的实证研究［J］．中国工业经济，2013（4）：56 - 68．

［70］李钢，李颖．环境规制强度测度理论与实证进展［J］．经济管理，2012（12）：154 - 165．

［71］李国祥，张伟．环境分权之于外商直接投资区位选择的影响［J］．现代财经（天津财经大学学报），2019，39（8）：36 - 50．

［72］李后建．信息通讯技术应用能缓解产能过剩吗？［J］．科学学研究，2017，35（10）：1491 - 1507．

［73］李后建，张剑．企业创新对产能过剩的影响机制研究［J］．产业经济研究，2017（2）：114 - 126．

［74］李捷，余东华．官员更替频率、经济增长与工业产能利用率——以中国地方省级官员为例［J］．软科学，2016，30（5）：31 - 34．

［75］李廉水，徐瑞．环境规制对中国制造业技术创新的影响研究［J］．河海大学学报（哲学社会科学版），2016，18（3）：32 - 37，90．

[76] 李梦洁, 杜威剑. 环境规制与就业的双重红利适用于中国现阶段吗? ——基于省际面板数据的经验分析 [J]. 经济科学, 2014 (4): 14 – 26.

[77] 李梦洁. 环境规制、行业异质性与就业效应——基于工业行业面板数据的经验分析 [J]. 人口与经济, 2016 (1): 66 – 77.

[78] 李强. 环境分权与企业全要素生产率——基于我国制造业微观数据的分析 [J]. 财经研究, 2017, 43 (3): 133 – 145.

[79] 李瑞琴. 环境规制、制度质量与绿色技术创新 [J]. 现代经济探讨, 2019 (10): 19 – 27.

[80] 李双燕, 苗进. 地区腐败、市场化程度与产能过剩 [J]. 当代经济科学, 2018, 40 (2): 94 – 103, 127 – 128.

[81] 梁劲锐. 中国环境规制对技术创新的影响研究 [D]. 西安: 西北大学, 2019.

[82] 梁泳梅, 董敏杰, 张其仔. 产能利用率测算方法——一个文献综述 [J]. 经济管理, 2014 (11): 190.

[83] 林柯, 陆震. 我国产能过剩背景下的产能退出机制研究 [J]. 经济学家, 2017 (3): 65 – 71.

[84] 林玲, 赵旭, 赵子健. 环境规制、防治大气污染技术创新与环保产业发展机理 [J]. 经济与管理研究, 2017, 38 (11): 90 – 99.

[85] 林毅夫. 潮涌现象与发展中国家宏观经济理论的重新构建 [J]. 经济研究, 2007 (1): 126 – 131.

[86] 林毅夫, 刘志强. 中国的财政分权与经济增长 [J]. 北京大学学报 (哲学社会科学版), 2000 (4): 5 – 17.

[87] 林毅夫, 巫和懋, 邢亦青. "潮涌现象" 与产能过剩的形成机制 [J]. 经济研究, 2010 (10): 118.

[88] 刘朝, 赵志华. 第三方监管能否提高中国环境规制效率? ——基于政企合谋视角 [J]. 经济管理, 2017, 39 (7): 34 – 44.

[89] 刘传哲, 张彤, 陈慧莹. 环境规制对企业绿色投资的门槛效应及异质性研究 [J]. 金融发展研究, 2019 (6): 66 – 71.

［90］刘丹鹤，汪晓辰．经济增长目标约束下环境规制政策研究综述 ［J］．经济与管理研究，2017，38（8）：86 – 93.

［91］刘航，孙早．城镇化动因扭曲与制造业产能过剩——基于 2001 – 2012 年中国省级面板数据的经验分析 ［J］．中国工业经济，2014（11）：5 – 17.

［92］刘航，张雨微．中国式产能过剩的制度根源与治理对策 ［J］．现代管理科学，2015（5）：87 – 89.

［93］刘和旺，刘博涛，郑世林．环境规制与产业转型升级：基于 "十一五" 减排政策的 DID 检验 ［J］．中国软科学，2019（5）：40 – 52.

［94］刘建江，罗双成，凌四立．化解产能过剩的国际经验及启示 ［J］．经济纵横，2015（6）：111 – 114.

［95］刘建勇，李晓芳．环境规制、技术创新与产能过剩 ［J］．南京审计大学学报，2018，15（5）：12 – 20.

［96］刘戒骄，王振．市场化解产能过剩的原理与措施分析 ［J］．经济管理，2017（6）：20 – 35.

［97］刘明慧，王静茹．消费税、经济增长与绿色投资——基于我国 30 个省份面板数据的动态门槛效应研究 ［J］．税务研究，2020，1（7）：88 – 93.

［98］刘明明．改革开放 40 年中国环境执法的发展 ［J］．江淮论坛，2018（6）：27 – 33.

［99］刘淑琳，王贤彬，黄亮雄．经济增长目标驱动投资吗？——基于 2001 – 2016 年地级市样本的理论分析与实证检验 ［J］．金融研究，2019（8）：1 – 19.

［100］刘帅，杨丹辉．反腐败能够抑制环境污染吗？——基于反腐败与环境规制交互作用的分析 ［J］．当代经济管理，2020（3）：27 – 33.

［101］刘卫东，唐志鹏，夏炎，韩梦瑶，姜宛贝．中国碳强度关键影响因子的机器学习识别及其演进 ［J］．地理学报，2022（7）：1 – 12.

［102］刘伟，童健，薛景，等．环境规制政策与经济可持续发展研究 ［M］．北京：经济科学出版社，2017.

[103] 刘岩，谢天. 跨国增长实证研究的模型不确定性问题：机器学习的视角 [J]. 中国工业经济，2019（12）：5 – 22.

[104] 刘晔. 行业产能过剩评估体系理论回顾与综述 [J]. 经济问题，2007（10）：50 – 52.

[105] 刘张立，吴建南. 中央环保督察改善空气质量了吗？——基于双重差分模型的实证研究 [J]. 公共行政评论，2019，12（2）：23 – 42，193 – 194.

[106] 刘章生，宋德勇，刘桂海. 环境规制对制造业绿色技术创新能力的门槛效应 [J]. 商业研究，2018（4）：111 – 119.

[107] 卢晨阳. 欧盟环境政策的发展演变及特点 [J]. 国际研究参考，2014（2）：14 – 18，23.

[108] 陆旸. 环境规制影响了污染密集型商品的贸易比较优势吗?[J]. 经济研究，2009，44（4）：28 – 40.

[109] 陆旸. 中国的绿色政策与就业：存在双重红利吗?[J]. 经济研究，2011，46（7）：42 – 54.

[110] 吕品，李超超，杨君. 外部需求扩张能否提高中国制造业的产能利用率——基于 GMM 和 LSDV 法的面板数据分析 [J]. 国际贸易问题，2016（7）：40 – 50.

[111] 马红旗，田园. 市场分割对我国钢铁企业产能过剩的影响 [J]. 经济评论，2018（4）：59 – 71.

[112] 马军，窦超. 我国钢铁行业产能利用率的测度及产能过剩影响因素分析 [J]. 经济问题，2017（2）：85 – 90.

[113] 马歇尔. 经济学原理 [M]. 朱志泰，陈良璧，译. 北京：商务印书馆，1990.

[114] 马岩. 美国支持战略性新兴产业的财税和金融政策及总结 [J]. 时代金融，2012（9）：265，283.

[115] 马轶群. 技术进步、政府干预与制造业产能过剩 [J]. 中国科技论坛，2017（1）：60 – 68.

[116] 缪小林，王婷，高跃光. 转移支付对城乡公共服务差距的影

响——不同经济赶超省份的分组比较 [J]. 经济研究, 2017, 52 (2): 52 - 66.

[117] 聂辉华, 李金波. 政企合谋与经济发展 [J]. 经济学 (季刊), 2007, 6 (1): 75 - 90.

[118] 庞念伟, 孙毅. 要素市场扭曲对产能过剩的影响机制分析 [J]. 产业经济评论, 2017 (3): 34 - 45.

[119] 彭冲, 陆铭. 从新城看治理: 增长目标短期化下的建城热潮及后果 [J]. 管理世界, 2019, 35 (8): 44 - 57, 190 - 191.

[120] 彭星, 李斌. 不同类型环境规制下中国工业绿色转型问题研究 [J]. 财经研究, 2016, 42 (7): 134 - 144.

[121] 平力群. 日本政府支持新兴产业发展的政策措施——以降低企业技术创新成本为视角 [J]. 东北亚学刊, 2013 (3): 31 - 36.

[122] 钱爱民, 付东. 政治关联与企业产能过剩——基于政府治理环境视角的实证检验 [J]. 北京工商大学学报 (社会科学版), 2017, 32 (1): 19 - 30.

[123] 秦楠, 刘李华, 孙早. 环境规制对就业的影响研究——基于中国工业行业异质性的视角 [J]. 经济评论, 2018 (1): 106 - 119.

[124] 屈小娥. 异质型环境规制影响雾霾污染的双重效应 [J]. 当代经济科学, 2018, 40 (6): 26 - 37, 127.

[125] Stefan Ambec, Philippe Barla, 张红凤, 陈淑霞. 环境规制对企业有好处吗——对波特假说的一个检验 [J]. 国家行政学院学报, 2007 (6): 104 - 106.

[126] 邵帅. 环境规制的区域产能调节效应——基于空间计量和门槛回归的双检验 [J]. 现代经济探讨, 2019 (1): 86 - 95.

[127] 申晨, 李胜兰, 黄亮雄. 异质性环境规制对中国工业绿色转型的影响机理研究——基于中介效应的实证分析 [J]. 南开经济研究, 2018 (5): 95 - 114.

[128] 沈坤荣, 金刚. 中国经济增长 40 年的动力——地方政府行为的视角 [J]. 经济与管理研究, 2018, 39 (12): 3 - 13.

[129] 沈蕾, 李沐阳. 中国装备制造业产能利用率测度及影响因素分析 [J]. 统计与决策, 2018, 34 (6): 114 –118.

[130] 沈立人, 戴园晨. 我国"诸侯经济"的形成及其弊端和根源 [J]. 经济研究, 1990 (3): 12 –19, 67.

[131] 沈利生. 我国潜在经济增长率变动趋势估计 [J]. 数量经济技术经济研究, 1999 (12): 3 –6.

[132] 沈满洪, 谢慧明. 公共物品问题及其解决思路——公共物品理论文献综述 [J]. 浙江大学学报 (人文社会科学版), 2009, 39 (6): 133 –144.

[133] 沈能, 刘凤朝. 高强度的环境规制真能促进技术创新吗?——基于"波特假说"的再检验 [J]. 中国软科学, 2012 (4): 49 –59.

[134] 盛朝迅. 化解产能过剩的国际经验与策略催生 [J]. 改革, 2013 (8): 96.

[135] 时乐乐, 赵军. 环境规制、技术创新与产业结构升级 [J]. 科研管理, 2018, 39 (1): 119 –125.

[136] 史贞. 产能过剩治理的国际经验及对我国的启示 [J]. 经济体制改革, 2014 (4): 154 –158.

[137] 苏昕, 周升师. 双重环境规制、政府补助对企业创新产出的影响及调节 [J]. 中国人口·资源与环境, 2019, 29 (3): 31 –39.

[138] 孙国锋, 赵敏, 王渊, 唐丹丹. 地方政府干预对产能过剩的空间外溢效应研究 [J]. 审计与经济研究, 2018, 33 (6): 90 –102.

[139] 孙焱林, 温湖炜. 我国制造业产能过剩问题研究 [J]. 统计研究, 2017, 34 (3): 76 –83.

[140] 孙玉阳, 宋有涛, 王慧玲. 环境规制对产业结构升级的正负接替效应研究——基于中国省际面板数据的实证研究 [J]. 现代经济探讨, 2018 (5): 86 –91.

[141] 孙玉阳, 宋有涛, 杨春荻. 环境规制对经济增长质量的影响: 促进还是抑制?——基于全要素生产率视角 [J]. 当代经济管理, 2019 (10): 11 –17.

[142] 涂正革，谌仁俊. 排污权交易机制在中国能否实现波特效应？[J]. 经济研究，2015，50（7）：160-173.

[143] 涂正革，邓辉，谌仁俊，甘天琦. 中央环保督察的环境经济效益：来自河北省试点的证据 [J]. 经济评论，2020（1）：3-16.

[144] 王爱君，孟潘. 国外政府规制理论研究的演进脉络及其启示 [J]. 山东工商学院学报，2014，28（1）：109-113.

[145] 王斌，骆祖春. 美国发展战略性新兴产业的最新举措、特点及启示 [J]. 现代经济探讨，2011（6）：84-87.

[146] 王锋正，陈方圆. 董事会治理、环境规制与绿色技术创新——基于我国重污染行业上市公司的实证检验 [J]. 科学学研究，2018，36（2）：361-369.

[147] 王海兵. 产业政策化解产能过剩的国际经验与启示——以美国和日本钢铁产业为例 [J]. 现代日本经济，2018，37（6）：41-58.

[148] 王怀明，王辉. 公众参与、环境规制政策与企业技术创新 [J]. 生态经济，2018，34（7）：88-93.

[149] 王辉，张月友. 战略性新兴产业存在产能过剩吗？——以中国光伏产业为例 [J]. 产业经济研究，2015（1）：61-70.

[150] 王惠娜. 环保约谈对环境监管的影响分析：基于34个城市的断点回归方法研究 [J]. 学术研究，2019（1）：71-78.

[151] 王健忠，高明华. 反腐败、企业家能力与企业创新 [J]. 经济管理，2017，39（6）：36-52.

[152] 王金南. 中国环境税收政策设计与效应研究 [M]. 北京：中国环境出版社，2015：6-7.

[153] 王立国，高越青. 建立和完善市场退出机制有效化解产能过剩 [J]. 宏观经济研究，2014（10）：8-21.

[154] 王立国，鞠蕾. 地方政府干预、企业过度投资与产能过剩：26个行业样本 [J]. 改革，2012（12）：52-62.

[155] 王岭，刘相锋，熊艳. 中央环保督察与空气污染治理——基于地级城市微观面板数据的实证分析 [J]. 中国工业经济，2019（10）：

5 - 22.

[156] 王伟光，马胜利，姜博. 高技术产业创新驱动中低技术产业增长的影响因素研究 [J]. 中国工业经济，2015 (3)：70 - 82.

[157] 王文甫，明娟，岳超云. 企业规模、地方政府干预与产能过剩 [J]. 管理世界，2014 (10)：17 - 36.

[158] 王贤彬，黄亮雄. 地方经济增长目标管理——一个三元框架的理论构建与实证检验 [J]. 经济理论与经济管理，2019 (9)：30 - 44.

[159] 王兴艳. 产能过剩评价指标体系研究初探 [J]. 技术经济与管理研究，2007 (4)：12 - 13.

[160] 王彦皓. 政企合谋、环境规制与企业全要素生产率 [J]. 经济理论与经济管理，2017 (11)：58 - 71.

[161] 王艳丽，钟奥. 地方政府竞争、环境规制与高耗能产业转移——基于"逐底竞争"和"污染避难所"假说的联合检验 [J]. 山西财经大学学报，2016，38 (8)：46 - 54.

[162] 王勇，施美程，李建民. 环境规制对就业的影响——基于中国工业行业面板数据的分析 [J]. 中国人口科学，2013 (3)：54 - 64，127.

[163] 王志伟. 市场机制能解决产能过剩问题吗?[J]. 经济纵横，2015 (1)：60 - 66.

[164] 温湖炜. 研发投入、创新方式与产能过剩——来自制造业的实证依据 [J]. 南京财经大学学报，2017 (4)：8 - 17.

[165] 温湖炜. 中国企业对外直接投资能缓解产能过剩吗——基于中国工业企业数据库的实证研究 [J]. 国际贸易问题，2017 (4)：107 - 117.

[166] 温忠麟，张雷，侯杰泰. 中介效应检验程序及其应用 [J]. 心理学报，2004，36 (5)：614 - 620.

[167] 吴建祖，王蓉娟. 环保约谈提高地方政府环境治理效率了吗?——基于双重差分方法的实证分析 [J]. 公共管理学报，2019，16 (1)：54 - 65，171 - 172.

[168] 吴艳，贺正楚，郑晶晶，唐红祥，潘红玉. 产能利用率影响产业升级的传导途径：技术创新的视角 [J]. 科学决策，2019 (2)：47 - 71.

[169] 吴振球，王建军. 地方政府竞争与经济增长方式转变：1998—2010——基于中国省级面板数据的经验研究 [J]. 经济学家，2013（1）：38 –47.

[170] 伍格致，游达明. 财政分权视角下环境规制对技术引进的影响机制 [J]. 经济地理，2018，38（8）：37 –46.

[171] 伍格致，游达明. 环境规制对技术创新与绿色全要素生产率的影响机制：基于财政分权的调节作用 [J]. 管理工程学报，2019，33（1）：37 –50.

[172] 肖汉雄. 不同公众参与模式对环境规制强度的影响——基于空间杜宾模型的实证研究 [J]. 财经论丛，2019（1）：100 –109.

[173] 肖怡清，陈宪. 技术进步对过度投资和产能过剩的中介作用——基于不同企业性质和行业性质的视角 [J]. 上海大学学报（社会科学版），2018，35（3）：65 –77.

[174] 颉茂华，王瑾，刘冬梅. 环境规制、技术创新与企业经营绩效 [J]. 南开管理评论，2014，17（6）：106 –113.

[175] 谢婷婷，郭艳芳. 环境规制、技术创新与产业结构升级 [J]. 工业技术经济，2016，35（9）：135 –145.

[176] 谢贤君，王晓芳. 市场准入规范化对绿色增长水平的影响——基于经济合作与发展组织绿色增长战略视角 [J]. 经济与管理研究，2020（2）：3 –14.

[177] 熊鹏. 环境保护与经济发展——评波特假说与传统新古典经济学之争 [J]. 当代经济管理，2005（5）：82 –86.

[178] 徐敏燕，左和平. 集聚效应下环境规制与产业竞争力关系研究——基于"波特假说"的再检验 [J]. 中国工业经济，2013（3）：72 –84.

[179] 徐鹏杰，卢娟. 异质性环境规制对雾霾污染物排放绩效的影响——基于中国式分权视角的动态杜宾与分位数检验 [J]. 科学决策，2018（1）：48 –74.

[180] 徐齐利. 企业家才能与产能过剩 [J]. 北京社会科学，2018（9）：92 –109.

[181] 徐再荣. 里根政府的环境政策变革探析 [J]. 学术研究, 2013 (10): 118 - 126, 160.

[182] 许士春. 环境管制与企业竞争力——基于"波特假说"的质疑 [J]. 国际贸易问题, 2007 (5): 78 - 83.

[183] 许召元. 我国两轮大范围产能过剩现象及其比较 [J]. 中国国情国力, 2016 (3): 94 - 95.

[184] 闫文娟, 郭树龙, 史亚东. 环境规制、产业结构升级与就业效应: 线性还是非线性?[J]. 经济科学, 2012 (6): 23 - 32.

[185] 杨朝均, 呼若青, 冯志军. 环境规制政策、环境执法与工业绿色创新能力提升 [J]. 软科学, 2018, 32 (1): 11 - 15.

[186] 杨光, 孙浦阳. 外资自由化能否缓解企业产能过剩?[J]. 数量经济技术经济研究, 2017, 34 (6): 3 - 19.

[187] 杨洪刚. 中国环境政策工具的实施效果及其选择研究 [D]. 上海: 复旦大学, 2009.

[188] 杨立勋. 中国工业行业产能利用率测度分析 [J]. 北京理工大学学报 (社会科学版), 2018, 20 (5): 94.

[189] 杨其静, 蔡正喆. 腐败、反腐败与经济增长——基于中国省级纪检监察机关信访执纪数据的再评估 [J]. 经济社会体制比较, 2016 (5): 84 - 100.

[190] 杨骞, 秦文晋, 刘华军. 环境规制促进产业结构优化升级吗?[J]. 上海经济研究, 2019 (6): 83 - 95.

[191] 杨仁发, 李娜娜. 环境规制与中国工业绿色发展: 理论分析与经验证据 [J]. 中国地质大学学报 (社会科学版), 2019, 19 (5): 79 - 91.

[192] 杨振兵. 产能过剩治理: 靠政府还是靠市场 [J]. 现代财经 (天津财经大学学报), 2018, 38 (5): 3 - 16.

[193] 杨振兵. 对外直接投资、市场分割与产能过剩治理 [J]. 国际贸易问题, 2015 (11): 121 - 131.

[194] 杨振兵, 张诚. 产能过剩与环境治理双赢的动力机制研究——基于生产侧与消费侧的产能利用率分解 [J]. 当代经济科学, 2015, 37

(6)：42－52，123－124.

[195] 杨志安，刘益彤. 我国政府环境规制促进环保装备制造业发展的实证研究 [J]. 生态经济，2017，33（5）：128－132，149.

[196] 尹昊智，李青霖. 美国战略性新兴产业发展情况与经验简析 [J]. 信息通信技术与政策，2019（6）：52－55.

[197] 尹明. 政府干预失灵诱发产能过剩与治理研究——以我国汽车产业为例 [J]. 当代经济研究，2016（3）：89－94.

[198] 游达明，张杨，袁宝龙. 官员晋升"锦标赛"体制下环境规制、央地分权对环境污染的影响研究 [J]. 中南大学学报（社会科学版），2018，24（3）：66－77.

[199] 于连超，张卫国，毕茜. 环境税会倒逼企业绿色创新吗?[J]. 审计与经济研究，2019，34（2）：79－90.

[200] 余东华，胡亚男. 环境规制趋紧阻碍中国制造业创新能力提升吗？——基于"波特假说"的再检验 [J]. 产业经济研究，2016（2）：11－20.

[201] 余东华，吕逸楠. 战略性新兴产业的产能过剩评价与预警研究——以中国光伏产业为例 [J]. 经济与管理研究，2017，38（5）：96－104.

[202] 余东华，吕逸楠. 政府不当干预与战略性新兴产业产能过剩——以中国光伏产业为例 [J]. 中国工业经济，2015（10）：64.

[203] 余东华，孙婷. 环境规制、技能溢价与制造业国际竞争力 [J]. 中国工业经济，2017（5）：35－53.

[204] 余亮. 中国公众参与对环境治理的影响——基于不同类型环境污染的视角 [J]. 技术经济，2019，38（3）：97－104.

[205] 余淼杰，崔晓敏. 中国的产能过剩及其衡量方法 [J]. 学术月刊，2016（12）：53.

[206] 袁强. 我国环境执法体制改革问题研究 [J]. 法制与社会，2019（11）：130－132.

[207] 原毅军，陈喆. 环境规制、绿色技术创新与中国制造业转型

升级 [J]. 科学学研究, 2019, 37 (10): 1902 – 1911.

[208] 原毅军, 谢荣辉. 环境规制的产业结构调整效应研究——基于中国省际面板数据的实证检验 [J]. 中国工业经济, 2014 (8): 57 – 69.

[209] 原毅军, 谢荣辉. 环境规制与工业绿色生产率增长——对"强波特假说"的再检验 [J]. 中国软科学, 2016 (7): 144 – 154.

[210] 曾婧婧, 胡锦绣. 中国公众环境参与的影响因子研究——基于中国省级面板数据的实证分析 [J]. 中国人口·资源与环境, 2015, 25 (12): 62 – 69.

[211] 曾先峰, 张超, 曾倩. 资源税与环境保护税改革对中国经济的影响研究 [J]. 中国人口·资源与环境, 2019, 29 (12): 149 – 157.

[212] 詹花秀. 我国产能过剩的阶段性特征及化解对策 [J]. 湖湘论坛, 2016, 29 (2): 86 – 92.

[213] 詹新宇, 刘文彬. 中国式财政分权与地方经济增长目标管理——来自省、市政府工作报告的经验证据 [J]. 管理世界, 2020, 36 (3): 23 – 39, 77.

[214] 张彩云, 陈岑. 地方政府竞争对环境规制影响的动态研究——基于中国式分权视角 [J]. 南开经济研究, 2018 (4): 137 – 157.

[215] 张彩云, 王勇, 李雅楠. 生产过程绿色化能促进就业吗——来自清洁生产标准的证据 [J]. 财贸经济, 2017, 38 (3): 131 – 146.

[216] 张成, 陆旸, 郭路, 于同申. 环境规制强度和生产技术进步 [J]. 经济研究, 2011, 46 (2): 118.

[217] 张国胜, 匡慧姝, 刘政. 政府采购如何影响产能利用率?——来自中国制造企业的经验发现 [J]. 经济管理, 2018, 40 (9): 41 – 58.

[218] 张皓. 出口贸易能否化解中国企业产能过剩——基于微观视角的考察 [J]. 山西财经大学学报, 2018 (1): 54 – 67.

[219] 张红凤, 杨慧. 规制经济学沿革的内在逻辑及发展方向 [J]. 中国社会科学, 2011 (6): 56 – 66.

[220] 张江雪, 蔡宁, 杨陈. 环境规制对中国工业绿色增长指数的

影响 [J]. 中国人口·资源与环境, 2015, 25 (1): 24 - 31.

[221] 张娟, 耿弘, 徐功文, 陈健. 环境规制对绿色技术创新的影响研究 [J]. 中国人口·资源与环境, 2019, 29 (1): 168 - 176.

[222] 张军. 分权与增长: 中国的故事 [J]. 经济学 (季刊), 2008 (1): 21 - 52.

[223] 张林. 中国式产能过剩问题研究综述 [J]. 经济学动态, 2016 (9): 90 - 100.

[224] 张龙鹏, 蒋为. 政企关系是否影响了中国制造业企业的产能利用率? [J]. 产业经济研究, 2015 (6): 82 - 90.

[225] 张平淡, 张心怡. 产能过剩会恶化环境污染吗? [J]. 黑龙江社会科学, 2016 (1): 68 - 71.

[226] 张少华, 蒋伟杰. 中国的产能过剩: 程度测算与行业分布 [J]. 经济研究, 2017, 52 (1): 89 - 102.

[227] 张同斌, 张琦, 范庆泉. 政府环境规制下的企业治理动机与公众参与外部性研究 [J]. 中国人口·资源与环境, 2017, 27 (2): 36 - 43.

[228] 张维迎. 必须废除 GDP 增长目标 [J]. 北大商业评论, 2015 (8): 38 - 39.

[229] 张小筠, 刘戒骄. 新中国 70 年环境规制政策变迁与取向观察 [J]. 改革, 2019 (10): 16 - 25.

[230] 张亚斌, 朱虹, 范子杰. 地方补贴性竞争对我国产能过剩的影响——基于倾向匹配倍差法的经验分析 [J]. 财经研究, 2018, 44 (5): 36 - 47, 152.

[231] 张艳纯, 陈安琪. 公众参与和环境规制对环境治理的影响——基于省级面板数据的分析 [J]. 城市问题, 2018 (1): 74 - 80.

[232] 张莹, 王磊. 地方政府干预与中国区域产业结构趋同——兼论产能过剩的形成原因 [J]. 宏观经济研究, 2015 (10): 102 - 110.

[233] 张雨微, 吴航, 刘航. 中国对外产能合作不存在"污染避难所"效应——理论与现实依据 [J]. 现代经济探讨, 2016 (4): 78 - 82.

[234] 赵昌文，等. 新时期产业政策研究 [M]. 北京：中国发展出版社，2016.

[235] 赵敏. 环境规制的经济学理论根源探究 [J]. 经济问题探索，2013 (4)：152 - 155.

[236] 赵霄伟. 地方政府间环境规制竞争策略及其地区增长效应——来自地级市以上城市面板的经验数据 [J]. 财贸经济，2014 (10)：105 - 113.

[237] 赵玉民. 环境规制的界定、分类与演进研究 [J]. 中国人口·资源与环境，2009，19 (6)：85 - 90.

[238] 郑长征. 世界各国产能过剩的应对之道 [N]. 中国信息报，2013 - 10 - 23 (8).

[239] 郑加梅. 环境规制产业结构调整效应与作用机制分析 [J]. 财贸研究，2018，29 (3)：21 - 29.

[240] 郑石明. 环境政策何以影响环境质量？——基于省级面板数据的证据 [J]. 中国软科学，2019 (2)：49 - 61，92.

[241] 郑思齐，万广华，孙伟增，罗党论. 公众诉求与城市环境治理 [J]. 管理世界，2013 (6)：72 - 84.

[242] 郑玉春. 国外化解产能过剩矛盾经验启示 [J]. 冶金管理，2013 (11)：4 - 11.

[243] 植草益. 微观规制经济学 [M]. 朱绍文，等译. 北京：中国发展出版社，1992.

[244] 钟春平，潘黎. "产能过剩" 的误区——产能利用率及产能过剩的进展、争议及现实判断 [J]. 经济学动态，2014 (3)：36.

[245] 钟茂初，李梦洁，杜威剑. 环境规制能否倒逼产业结构调整——基于中国省际面板数据的实证检验 [J]. 中国人口·资源与环境，2015，25 (8)：107 - 115.

[246] 周建，高静，周杨雯倩. 空间计量经济学模型设定理论及其新进展 [J]. 经济学报，2016，3 (2)：161 - 190.

[247] 周劲，付保宗. 产能过剩的内涵、评价体系及在我国工业领域的表现特征 [J]. 经济学动态，2011 (10)：58 - 64.

[248] 周劲, 付保宗. 产能过剩在我国工业领域的表现特征 [J]. 党政视野, 2012 (1): 54-55.

[249] 周柯, 王尹君. 环境规制、科技创新与产业结构升级 [J]. 工业技术经济, 2019, 38 (2): 137-144.

[250] 周黎安. 晋升博弈中政府官员的激励与合作——兼论我国地方保护主义和重复建设问题长期存在的原因 [J]. 经济研究, 2004 (6): 33-40.

[251] 周黎安, 陶婧. 政府规模、市场化与地区腐败问题研究 [J]. 经济研究, 2009, 44 (1): 57-69.

[252] 周维富, 张骋. 从产业国际分工地位看我国产能过剩问题 [J]. 经济纵横, 2015, 360 (11): 71-77.

[253] 朱金生, 李蝶. 技术创新是实现环境保护与就业增长"双重红利"的有效途径吗?——基于中国34个工业细分行业中介效应模型的实证检验 [J]. 中国软科学, 2019 (8): 1-13.

[254] 朱平芳, 张征宇, 姜国麟. FDI 与环境规制: 基于地方分权视角的实证研究 [J]. 经济研究, 2011, 46 (6): 133-145.

[255] 朱希伟, 沈璐敏, 吴意云. 产能过剩异质性的形成机理 [J]. 中国工业经济, 2017 (8): 45-63.

[256] 朱希伟, 沈璐敏, 吴意云, 罗德明. 产能过剩异质性的形成机理 [J]. 中国工业经济, 2017 (8): 44-62.

[257] 朱向东, 贺灿飞, 李茜, 毛熙彦. 地方政府竞争、环境规制与中国城市空气污染 [J]. 中国人口·资源与环境, 2018, 28 (6): 103-110.

[258] Almarin Phillips. An Appraisal of Measures of Capacity [J]. The American Economic Review, 1963 (2): 275-292.

[259] And R L, Mitra S. Corruption, Pollution, and the Kuznets Environment Curve [J]. Journal of Environmental Economics & Management, 2000, 40 (2): 137-150.

[260] Antweiler W, Copeland B R, Taylor M S. Is Free Trade Good for the

Environment?[J]. American Economic Review, 2001, 91 (4): 877 –908.

[261] Barbera A J, Mcconnell V D. The Impact of Environmental Regulations on Industry Productivity: Direct and Indirect Effects [J]. Journal of Environmental Economics & Management, 1990, 18 (1): 50 –65.

[262] Barham B and Ware R. A Sequential Entry Model with Strategic Use of Excess Capacity [J]. Canadian Journal of Economics, 1993, 26 (2): 286 –298.

[263] Beers C V, Jeroen C J M Van Den Bergh. An Empirical Multi-Country Analysis of the Impact of Environmental Regulations on Foreign Trade Flows [J]. Kyklos, 1997, 50 (1): 18.

[264] Bellas C P, Skourtos M S. Environmental Regulation and Costs of Information: Some Indications from Greek Industry [J]. Journal of Environmental Management, 1996, 47 (3): 205 –221.

[265] Berman E, Bui L T M. Environmental Regulation and Labor Demand: Evidence from the South Coast Air Basin [J]. Journal of Public Economics, 1997, 79 (2): 265 –295.

[266] Berndt E R, Morrison C J, and Watkins, G. Campbell, "Dynamic Models of Energy Demand: An Assessment and Comparison", in Modeling and Measuring Natural Resource Substitution, eds. E. R. Berndt and B. C. Fields, Cambridge, MA: MIT Press, 1981.

[267] Biswas A K, Farzanegan M R, Thum M. Pollution, Shadow Economy and Corruption: Theory and Evidence [J]. Ecological Economics, 2011, 75 (2): 114 –125.

[268] Blonigen B A, Wilson W W. Foreign Subsidization and Excess Capacity [J]. Journal of International Economics, 2010, 80 (2): 200 –211.

[269] Chamberlin E H. The Theory of Monopolistic Competition [M]. Harvard University Press, 1933.

[270] Cassels J M. Excess Capacity and Monopolistic Competition [J]. Quarterly Journal of Economics, 1937 (6): 426 –443.

［271］Charnes A. Measuring the Efficiency of Decision Making Units ［J］. European Journal of Operational Research, 1979, 2 (6): 429 – 444.

［272］Chaturvedi A, Martínez De-Albéniz V. Safety Stock, Excess Capacity or Diversification: Trade-Offs under Supply and Demand Uncertainty ［J］. Production & Operations Management, 2016, 25 (1): 77 – 95.

［273］Cole M A, Elliott R J R, Shanshan W U. Industrial activity and the environment in China: An industry-level analysis ［J］. China Economic Review, 2008, 19 (3): 393 – 408.

［274］Cole M, Ellion R. Do Environmental Regulations Influence Trade Patterns? Testing Old and New Trade Theories ［J］. The World Economy, 2003, 26 (8): 1163 – 1186.

［275］Copeland B R, Scott T M. North-South Trade and the Environment ［J］. The Quarterly Journal of Economics, 1994 (3): 755 – 787.

［276］Corrado C, Mattey J. Capacity Utilization ［J］. Journal of Economic Perspectives, 2001, 11 (1): 151 – 167.

［277］Cutler D R, Edwards T C, Jr, Beard K H, Cutler A, Hess K T. Random Forests for Classification in Ecology ［J］. Ecology, 2007, 88 (11): 2783 – 2792.

［278］Dayong Liu, Chunfa Xu, Yongze Yu, Kaijian Rong, Junyan Zhang. Economic Growth Target, Distortion of Public Expenditure and Business Cycle in China ［J］. China Economic Review, 2019.

［279］Doern Been. The Potential for Framework to Compare Canadian Regulatory Regimes Versus U. S. Regime: Utility for Assessing the Impact on Investment Decisions ［R］. A paper Prepared for Industry Canada, March 2002; OECD, Regulatory Reform and Innovational.

［280］Egorov G, Harstad, Bård. Private Politics and Public Regulation ［J］. Discussion Papers, 2015.

［281］Esposito F F, Esposito L. Excess Capacity and Market Structure ［J］. Review of Economics & Statistics, 1974, 56 (2): 188 – 194.

［282］ Fare R, Grosskopf S and Lovell C A K. Production Frontiers ［M］. Cambridge University Press, 1994.

［283］ Fredriksson P G, Millimet D L. Is There a 'California Effect' in US Environmental Policymaking ［J］. Regional Science and Urban Economics, 2002, 32 (6): 737 – 764.

［284］ Golombek R, Raknerud A. Do Environmental Standards Harm Manufacturing Employment?［J］. Scandinavian Journal of Economics, 1997, 99 (1): 29 – 44.

［285］ Goodstein E. Jobs and the Environment: An Overview ［J］. Environmental Management, 1996, 20 (3): 313 – 321.

［286］ Grossman G M, Krueger A B. Environmental Impacts of a North American Free Trade Agreement ［J］. Social Science Electronic Publishing, 1991, 8 (2): 223 – 250.

［287］ Harris M N, László Kónya, László Mátyás. Modelling the Impact of Environmental Regulations on Bilateral Trade Flows: OECD 1990 – 96 ［J］. World Economy, 2010, 25 (3): 387 – 405.

［288］ Hayes A. Introduction to Mediation, Moderation and Conditional Process Analysis ［J］. Journal of Educational Measurement, 2013, 51 (3): 335 – 337.

［289］ Heyes A. Is Environmental Regulation Bad for Competition? A Survey ［J］. Journal of Regulatory Economics, 2009, 36 (1): 1 – 28.

［290］ Jaffe A B, Peterson S R, Portney P R, et al. Environmental Regulation and the Competitiveness of U. S. Manufacturing: What Does the Evidence Tell Us?［J］. Journal of Economic Literature, 1995, 33 (1): 132 – 163.

［291］ Jorgenson D W, Wilcoxen P J. Environmental Regulation and U. S. Economic Growth ［J］. Rand Journal of Economics, 1990, 21 (2): 314 – 340.

［292］ Kahn A E. The Economics of Regulation: Principles and Institutions ［M］. New York: John Wiley & Sons, INC, 1970.

[293] Kamien M I & N L Schwartz. Uncertainty and Excess Capacity [J]. America Economic Review, 1972, 62 (5): 918 – 927.

[294] Kirkley J E, Morrison Paul C J, Squires D. Deterministic and Stochastic Capacity Estimation for Fishery Capacity Reduction [J]. Marine Resource Economics, 2004, 19 (3): 24.

[295] Kirkley J E, Squires D E. Capacity and Capacity Utilization in Fishing Industries [J]. University of California at San Diego Economics Working Paper, 1999.

[296] Kirkley J, Squires D. Measuring Capacity and Capacity Utilization in Fisheries [J]. Fao Fisheries Technical Paper, 1999.

[297] Klein L R, Long V, Greenspan A, et al. Capacity Utilization: Concept, Measurement and Recent Estimates [J]. Brookings Papers on Economic Activity, 1973 (3): 743 – 763.

[298] Klevorick A K. The Race to the Bottom in a Federal System: Lessons from the World of Trade Policy [J]. Yale Law & Policy Review, 1996, 14 (2): 177 – 186.

[299] Konisky D M. Regulatory Competition and Environmental Enforcement: Is There a Race to the Bottom? [J]. American Journal of Political Science, 2007, 51 (4): 853 – 872.

[300] Linde, Porter Claas Van Der. Toward a New Conception of the Environment-Competitiveness Relationship [J]. The Journal of Economic Perspectives, 1995 (4): 97 – 118.

[301] List J A, Gerking S. Regulatory Federalism and Environmental Protection in the United States [J]. Journal of Regional Science, 2010, 40 (3): 453 – 471.

[302] Marconi D. Environmental Regulation and Revealed Comparative Advantages in Europe: Is China a Pollution Haven? [J]. Review of International Economics, 2012, 20 (3): 616 – 635.

[303] Mark J. Melitz. The Impact of Trade on Intra-Industry Realloca-

tions and Aggregate Industry Productivity [J]. Econometrica, 2002, 71 (6): 1695 – 1725.

[304] Maroun M, Richter-Levin G. Citizen Activism, Environmental Regulation, and the Location of Industrial Plants: Evidence from India [J]. Economic Development & Cultural Change, 2000, 48 (4): 159 – 169.

[305] Marx A. Ecological Modernisation, Environmental Policy and Employment. Can Environmental Protection and Employment be Reconciled?[J]. Innovation the European Journal of Social Science Research, 2000, 13 (3): 311 – 325.

[306] Morgenstern R D, Pizer W A, Shih J S. Jobs Versus the Environment: An Industry-Level Perspective [J]. Journal of Environmental Economics & Management, 2002, 43 (3): 412 – 436.

[307] Muller D, Judd C M, Yzerbyt V Y. When Moderation is Mediated and Mediation is Moderated [J]. Journal of Personality & Social Psychology, 2005, 89 (6): 852 – 863.

[308] Nelson R A. On the Measurement of Capacity Utilization [J]. The Journal of Industrial Economics, 1989, 37 (3): 273 – 286.

[309] Paha J. Cartel Formation with Endogenous Capacity and Demand Uncertainty [C]. Conference: Competition Policy & Regulation in A Global Economic Order. Philipps-Universität Marburg, Faculty of Business Administration and Economics, Department of Economics (Volkswirtschaftliche Abteilung), 2013.

[310] Pindyck R S. Irreversible Investment, Capacity Choice, and the Value of the Firm [J]. Social Science Electronic Publishing, 1988, 78 (5): 969 – 985.

[311] Porter M E. America's Green Strategy [J]. Scientific America, 1991 (4): 1 – 5.

[312] Porter M E, Claas V D L. Toward a New Conception of the Environment-Competitiveness Relationship [J]. Journal of Economic Perspectives,

1995, 9 (4): 97 - 118.

[313] Samuelson, Paul A. The Pure Theory of Public Expenditure [J]. The Review of Economics and Statistics, 1954, 36 (4): 387 - 389.

[314] Sarkar S. A Real-Option Rationale for Investing in Excess Capacity [J]. Managerial & Decision Economics, 2009, 30 (2): 119 - 133.

[315] Smarzynska B K, Wei S J. Pollution Havens and Foreign Direct Investment: Dirty Secret or Popular Myth? [R]. London: CEPR Discussion Papers 2966, 2001.

[316] Spence V A, Spence A M, Spence L. Entry, Capacity, Investment and Oligopolistic Pricing [J]. Bell Journal of Economics, 1977, 8 (2): 534 - 544.

[317] Tibshirani R. Regression Shrinkage and Selection Via the Lasso: A Retrospective [J]. Journal of the Royal Statistical Society, 1996, 58 (1): 267 - 288.

[318] Tobey J A. The Effects of Domestic Environmental Policies on Patterns of World Trade: An Empirical Test [J]. Kyklos, 1990, 43 (2): 19.

[319] Viscusi W K. Frameworks for Analyzing the Effects of Risk and Environmental Regulation on Productivity [J]. American Economic Review, 1983, 73 (4): 793 - 801.

[320] Walker W R. Environmental Regulation and Labor Reallocation: Evidence from the Clean Air Act [J]. American Economic Review, 2011, 101 (3): 442 - 447.

[321] Walter I W, Ugelow J. Environmental Policies in Developing Countries [J]. Ambio, 1979, 8 (2/3): 102 - 109.

[322] Wheeler D. Racing to the Bottom?: Foreign Investment and Air Quality in Developing Countries [J]. Policy Research Working Paper, 2001, 10 (3): 225 - 245.

[323] Wilcoxen J P J. Environmental Regulation and U. S. Economic Growth [J]. Rand Journal of Economics, 1990, 21 (2): 314 - 340.

［324］ Xepapadeas A, Zeeuw A D. Environmental Policy and Competitiveness: The Porter Hypothesis and the Composition of Capital ［J］. Journal of Environmental Economics & Management, 1999, 37 (2): 165 - 182.

［325］ Xing Y, Kolstad C D. Do Lax Environmental Regulations Attract Foreign Investment? ［J］. Environmental & Resource Economics, 2002, 21 (1): 1 - 22.

后　记

本书是在我博士论文的基础上修改而成的。

时光飞逝，博士三年求学生涯转眼而逝。读大学的时候，我跟高桂萍老师交流，感慨光阴似箭。高老师说："三年快，三十年也很快。"如今我深有感触。的确，三年一晃而过，三十年亦是如此。来不及回味，不知不觉已近而立之年。一路走来，有悲有喜，有进步也有退步，有所得也有所失。思来想去，不管是在过去三年的求学阶段，还是在过去近三十年的人生历程，我感觉最应该谈的还是感恩。

感恩家人。感谢我的父亲与母亲的养育与教诲。在过去近三十年时间里，父亲、母亲为我的成长付出太多。作为普通老百姓，他们三十年如一日的辛苦劳作，才让我在求学中没有了后顾之忧。爸爸妈妈的善良忠厚，对长辈的孝敬，对兄长的敬爱，对邻里乡亲的谦逊、平和，已形成了良好的家风。耳濡目染，如沐春风。父母良好的道德品质对我人生观和价值观的塑造产生了积极的影响，渐渐地学会了如何接人待物。每每看到别人家的孩子有好的成绩，找到体面且高薪的工作，并且娶妻生子，开枝散叶，一家人其乐融融，我也是十分美慕。每当二老在我面前闲聊絮叨之时，我也是惭愧不已。如今，我想他们应该也到了该享受一下休闲时光的时候。我想在他们人生暮年，让他们成为"有闲阶级"的一份子。而我，为人子嗣，而立之年，学业不进，毫无成绩，生性顽劣，无才无德，实为不肖子孙。不管怎样，我只想着踏踏实实地前进，一步一个脚印地前行，平平安安过一个正常且普通的小老百姓的生活，不曾想光宗耀祖、富贵先达。如能得天庇佑、祖宗荫德，顺便做些有益于国家与人民之事，也不枉年少轻狂时的一腔热血。感谢姐姐在工作、照顾小家庭之余，抽出时间照顾父母，在工作和学习上对我的鼓励与支持，也着实起到了带头作用。我也会好好努力，争取为小朋友做一个好的榜样。感谢我的未婚妻，四年来对我的关爱、支持和帮助，让我在人生低谷和孤独无助之时，坚持下来。同时，嫁给我这样一个"四无青年"也着实委屈你。希望春暖花开，瘟神远去，我们能够如愿以偿步入婚姻殿堂。

感恩导师。感谢导师杨丹辉研究员在过去三年对我的关爱、教导、照顾和栽培，给予我很多学习和锻炼的机会，让我从一个没什么自信的学生，逐步成长为一个可以较为客观认识自己的学生。我心里默默称导师为恩师，一点也不为过。实事求是地讲，导师著作等身，学富五车，着实令我敬佩。名望、学识、治学严谨及工作繁忙，都没有疏远与学生之间的距离。每一次导师都会抽出时间亲自帮我指导论文，字字斟酌，句句审改，循循善诱，这是难以想象的。我是既惭愧，又感动。经过一篇完整的论文写作指导，我慢慢地了解了如何以问题为导向进行论文创作，也渐渐地领略了学术论文写作中逻辑的奥妙与语言的魅力。导师治学严谨，做事情仔细认真、一丝不苟，令我钦佩。每一次看到论文修改得"面目全非"，我真的觉得自己该好好学习了。如果以后自己成为老师，我也会这样引导学生。同时，我的导师也是很出色的领导者，凡事有计划、有章法，让我在参与实地调研活动中学习到很多书斋里和书本上学不到但受用终身的知识。导师也是幽默风趣、平易近人的时尚达人，这一点是不争的事实，也是其人格魅力所在。

导师鼓励我多出去实习锻炼。因为三年学制本身时间就很紧张，且2018年春脚踝骨折耽误近一学期的学习时间，我感到时间很紧张、学习任务很重。导师还是坚持支持让我出去实习，去企业与科研机构锻炼。通过在国务院发展研究中心和京东金融研究院的实习，以及去清华大学环境学院的交流学习，我体会到了不同机构科研的侧重点与偏好，感受到在团队中承担工作与单兵作战的差别，在实地调研工作中不仅学习到了现实世界与理论知识的差别，也学会了如何为人处世，为以后职业选择打下了基础，至少平添了拒绝"傻博"的自信。可以说，在导师指导下，我的简历完全翻新一遍。因此，我是由衷地感谢导师。

感谢学长与同学。我还要感谢师门的渠慎宁师兄、肖汉雄师兄、杨雅娜师姐及梁姗姗师姐，他们都在我学习和生活中提供了很多帮助。感谢宋翔师兄提供学习与锻炼的机会。感谢同学蒋鑫与轩会永在我受伤期间对我的照顾。感谢研究生院一起打羽毛球的老师和同学，一起运动的快乐时光。谢谢，也祝你们未来一切顺利。

以鲁迅先生《热风》中的一段话自戒自勉，"愿中国青年都摆脱冷气，只是向上走，不必听自暴自弃者流的话。能做事的做事，能发声的发声。有一份热，发一份光，就令萤火一般，也可以在黑暗里发一点光，不必等候炬火"。起而行之，方为青年。

刘　帅
2023 年 1 月